オンラインリテラシーと読解リテラシーの葛藤
──デジタル時代の新しい学び

福田誠治 著

東信堂

はじめに

「教師が生徒にさらに情報を与えることほど無用な行為はない。生徒はすでに、とんでもないほどの情報を持っているからだ。代わりに、人々は、情報の意味を理解したり、重要なものとそうでないものを見分けたり、特に、大量の情報の断片を結びつけて世の中の状況を幅広く捉えるという能力を必要としている。」(ユヴァル・ノア・ハラリ)(Harari 2018：267、ハラリ 2019：338)

「世界はいまパンデミックのまっただ中で、教育もリモートにならざるを得ない環境にありますね。ただ、学校での対面授業と、家からリモートで学ぶ場合の定着度が同じではないことは明らかです。デジタルツールを教室から一掃せよというわけではありません。でも、紙に書かれた文章とスクリーン上の文章が同じであるともいえない。パンデミックからある程度ノーマルな状態に戻ったとき、とくに内容が難しい授業の場合は、スクリーンではなく印刷物を配布して教えるべきです。」(アンデシュ・ハンセン)(ハンセン 2021b：32-33)

　本書は、言語(言葉、ことば)はどんな力を持っているのか、それを学ぶにはどうすればいいのかを語っています。したがって、「読書」は、書物を用いて学ぶだけでなく、言語(言葉、ことば)を使って考え、探究し、自分の考えを作り出しながら言語で表現するという広い活動を指すものです。

　思想家のハラリ(Yuval Noah Harari)は、2018 年の著書で人類の将来

につき 21 の考察を提示していますが、その一つが「教育」です。西洋の教育制度は、世界のひな形として君臨してきましたが、多くの学校は「自由主義教育（liberal education）」というその理想を今に至るまで実現しようとはしてこなかったと、ハラリは批判します。（Harari 2018：267-268、ハラリ 2019：338）

　学校は、理想とは異なり、アカデミックな教科をカリキュラムとして、学問体系を模した伝統的な知識を伝達してきましたが、今やこの学問体系が急速に崩れています。古い学問では未来を定めることができません。無意味な情報や、誤った情報があふれて、今となっては真偽、善悪、正誤の判断をつけることは至難の技です。

　『スマホ脳』の著者、アンデシュ・ハンセン（Anders Hansen）は、スマホの到来で、人間は、神経を集中することが苦手になってきていると書いています。それもそのはず、もともと人間は、常に脳の注意を分散させて生きてきました。他の動物と同じく、「回りに敵がいないか」そわそわ、キョロキョロしながら生きてきたのです。そういう人間こそが、自然淘汰されて生き残ったらしいのです。

　活動的に動き回る、「サバンナのような場所」に合った個性が生き残って、「人類は自らの肉体と脳を狩猟採集民としてサバンナの生活に適応させました」（ハンセン 2021b：25）と。そして今や、文明が終わったかのように、人類は次から次に新しいものを買い漁り、獲物を追いかけて動き回り、暮らしやすい場所を常に探し、常に体を動かしています。スマホやパソコンで刻々と情報をチェックし、よりよい情報を集め、条件のよいものへと次々に選択を変えていきます。このような状態を、ハンセンは、『最強脳』のなかで、「サバンナ脳」と呼び始めました。

　むしろ禁欲的に、安全な場所に留まりながら受け身的に、じっと神経を集中して学び、じっと座って仕事することこそ、人間の脳は、

つまり生物としての人間は苦手なのだということになります。だから放っておけば、スマホの刺激には勝てません。「スマホの無意味なゲームに時間を使いがちです」（ハンセン 2021a：161）と、ハンセンは指摘しますが、それは、スマホでいつでもどこでもすぐに刺激が得られるからです。

　しかし、何年もかけて何かが上手くなる、何かができるようになるには、がまん強く努力しなくてはなりません。そして、それができたとき、とても大きな喜びが得られて、もっと上手くなろう、もっとできるようになろうという気持ちに人間はなれるのです。

　どう生きるかという問題は、子どもでさえも常に突きつけられていて、これは自分で解決付けなくてはなりません。解決できるように、特別な空間が設けられました。それが学校です。さて、学校教育は、スマホ脳にどう対抗したらよいでしょうか。

　今から 17 年前になりますが、2005 年に筆者は初めてフィンランドの学校の授業を参観しました。その頃は、まだ、黒板とチョークとノートでしたが、日本の授業とはずいぶん違っていました。算数の授業の始まりは、たいてい 10 分ぐらい今まで学んだことと今日学ぶことを先生が説明します。その後は、各自が自分のペースで学びます。課題を 5 分で終わらせてしまう子どももいます。すると、解答集が教室に広げてあるので、そこに行って答え合わせを自分でして、できていれば後は、他人の邪魔さえしなければ何をしても自由です。たいてい、レベルの高い問題に挑戦するか、友だちとグループ課題を進めたり、なかには編み物を始める子どももいました。

　分からなくなったら挙手をすると、先生がやって来て教えてくれます。横にいた友だちが「こうするんだよ」と教えてくれるならそれもありです。

　一人でやりたい、うるさいと思えば、廊下に机を持ち出す子ども

もいます。

　進度の特に遅い子どもには、特別支援の先生がつきます。

　理科の実験では、実験器具を1～2セット用意して、グループでローテーションしながら実験記録をとっていました。

　中学生にもなると、たいていグループを作って好きな場所に集まって数学の問題を解いています。一人だけ離れて座っている生徒も何人かいます。先生が、生徒の様子を見ながら、机間巡視して必要に応じて教えていました。

　理科の実験は、好きな者同士がグループに分かれて同じ実験に挑戦しますが、全く何もしないグループもあれば、ちゃっかり隣のグループの様子を見て解決するグループもあり、おしゃべりが飛び交う騒々しいものでした。

　そもそも、教科書はあるのですが、フィンランドの先生は教科書通り教える必要はなく、教科書は参考資料の一つです。もっとよい教材があれば教科書を使わなくてよいというのです。生徒たちは、自分で活動して学ぶわけです。教師は専門家として、もっともよい授業作りをしているのであって、学ぶか学ばないかは生徒本人の問題だと親も、教師も、生徒本人もそう思っているようでした。17年前のことですが、こんなてんでバラバラに学ぶ授業の様子を見て、「これは学級崩壊か」と筆者は思ったものです。

　当時は携帯電話ですが、下校時の迎えの連絡用に小学生の誰もが持っていました。徐々にスマホに切り替えた子どもも出てきましたが、授業時間中に使用することは禁止されていました。ところが10年ほど前、スマホを積極的に授業中にも活用する方針に変更されます。タブレットでもいい、スマホでもいい、「分からないことがあったらすぐに自分で調べろ」ということになりました。筆者が、「持ってない子はどうすればいいのですか」と半ば不満げに先生に

たずねると、「持ってる人の画面を見てればいいんじゃない」とあっさり退けられました。

　ハンセンのことばを借りれば、アクティブ・ラーニングは「サバンナ学習」とでも言えばよいのでしょう。自ら学ぼうとする生徒が生き残る。教師は「生きる力」が出てくるようにサポートするというわけです。

　子どもの成長は、将来に向けて進みます。子どもたちが成長した時には、職場や社会や家庭の生活がさらに変化しているでしょう。すると、今からどう備えたらよいのでしょうか。学習の成果は、子どもたちの今の生活として、そしてその積み重ねになる自分の人生として帰ってくるのです。知識の記憶力に比べれば、問題解決能力の方がはるかに重要です。ただし、リフレクションして成果を自分に取り込むこと、つまり探究したことを自分の知識やスキルにすることはさらにまた重要です。リフレクションは、よくよく考えること（熟考）です。

　新型コロナウイルス伝染病によって、日本の教育も一挙に転換されつつあります。2020 年春には、全国の学校が一斉休校に陥りました。タブレットが配られ始めました。もう過去には戻れないという意識にたどり着く他なかった、と言えるでしょう。

　こうして、米国・カナダの北米諸国に比べれば 30 年、ヨーロッパ諸国に比べれば 20 年の後れをとって、日本もついに学校教育のあり方を大転換することになりました。しかしほとんどの先生たちは、新しい教育を知りません。想像さえ付かないのです。

　「失われた 20 年」とか「失われた 30 年」と呼ばれますが、遅れたことがかえってよかったかも知れません。大事なものを残しながら、失敗を回避する時間稼ぎができたと考えることもできます。漢字を輸入しながら仮名や和製漢語を発明したように、英語もまたネイ

ティブのものまねではなく日本に住み生活する人々の考えを表現で
きる世界語として学び直し、デジタル教材を使って「他者を思う心
優しい共生の学び」に作り直して出発したいものです。そして、で
きるだけすぐれたデジタル教材やオンライン学習アプリを急いで作
り出すことです。単なる米国製ソフトの翻訳ではなく、20年の成
果を参考にしながら日本の子どもたちに合った学習アプリに仕上げ
る努力こそが重要だと思います。

　コロナ禍のさなか、各国でオンライン学習をしなくてはならなく
なりました。そこで、エストニア教育科学省は、

　　「せっかくの機会ですから、それぞれの国のオンライン教育資
　　材を、無償で共有しあおうではありませんか」(堤未果 2021：211-
　　212)

と呼びかけたそうです。呼びかけに答えたのはバルト三国と北欧五
か国です。各国からオンライン教材が40種以上集まったそうです。

　せっかくの機会ですから、各学校で先生たちが作り出した教材を
大学の教育学部の先生たちに監修してもらい、各県の教育委員会が
買い上げて、国内の先生たちに無償で配布します。大学の先生たち
も参加して教材をリンクさせ、ある程度のつながりができたら、英
訳版も作り、今度は文部科学省が買い上げて、世界中に日本語と英
語で無償で開放しましょう。こうすれば、世界の人々と一緒に学ん
でいくことができます。

　公害や原子力被害に苦しんできた日本だからこそ、環境問題や持
続可能な地球について世界に発信できる質のよいオンライン教材
(デジタル教材)が作れると思います。安全、健康、協力、人助けなど、
新しいテーマの学びを世界に提案できると思います。そんな教材で
育った人々が、国境を越えて共に働く日々を夢見ることができます。

　本書の第1章では、オンライン教育が日本でも始まったことを、世界の流れの中で考えてみます。第2章では、国際生徒調査PISA（ピザ）の読解力（読解リテラシー）テストが、オンラインに変えられたことを、例題をもとに体験してみます。

　第3章は、すでにアメリカ合衆国（米国）では長い歴史のあるオンライン学習をたどりながら、今後の日本はどんなペースで変化していくべきなのかを考えてみます。結論で言えば、他者とか文化とか、物とか、時には自分とも相互作用しながら、自分の考えを表現して交流する活動的な学び、その中で自分で自分を育てるリフレクションが決定的に重要です。自分で自分を育てる力を持ち、自分の人生と自分たちの社会を展望して、第4章に述べるように、「コンピュータを使う人間になれ」ということを強調したいと思います。

　第5章は、読書の歴史をたどりながら、「読解力」について考えてみます。人間が考えたことを言葉とか文字に表現し外部にストックすることで、人間は自分の脳に記憶する負担を軽減するわけですが、神経を集中して思考するプロセスをいかに確保するかが、個人にとっても社会にとっても課題として残ります。

　そして第6章では、OECDの科学技術イノベーション局の「情報コンピュータ通信政策委員会」、現在の「デジタル経済委員会」の活動を紹介しながら、デジタル環境の危険について考察したいと思います。

　ハラリは、「何よりも自分自身を何度となく作り直すことです」（Harari 2018：268、ハラリ 2019：339）とまで言っています。デジタルの時代にどれだけ読書を学習に上手く組み合わせていくか、それは個人の生き方の問題になってきます。親や教師は、子どもや若者の可能性を狭めないように努力していく他ありません。

目次／オンラインリテラシーと読解リテラシーの葛藤
——デジタル時代の新しい学び

第 6 章　デジタル環境への対策 ………………………125

オンラインリテラシーと読解リテラシーの葛藤

——デジタル時代の新しい学び

第1章　学びは環境と共に変化する

「教育ないし学習がオンライン化するということに関してです
が、フランス語を習うとか、アートの歴史を学ぶといったこと
は、すべてオンラインになるでしょう。MIT ではすでにオープ
ン・コースと称して、さまざまなコースがオンラインで見られ
るようになっています。

　当社の顧客には教育関係の出版社もありますが、彼らは iPad
や他のタブレット型の機器がこれからの教育を担うと考えてい
ます。それらが教科書となり、試験を出し、そこで宿題をやり、
それを通して宿題を提出する。すべてオンラインです。僕のと
ころにいる学部の学生はすでにそうやって勉強しています。ま
だ試験だけは教室に来て、紙の上で受けなければなりませんが、
それすらも変わっていくでしょう。授業もビデオ化し、タブレッ
トが授業に取って代わることもできます。」(トム・レイトン)(吉成
真由美 2012：248-249)

教育のオンライン化は避けられない

　サイエンスライターの吉成真由美が、マサチューセッツ工科大学
(MIT) の数学教授でアカマイ・テクノロジーズ社を共同設立し、大

統領情報技術諮問委員会メンバーも務める、トム・レイトン (Tom Leighton) にインタビューしました。彼は、サイバー・セキュリティという見えない世界で闘争してきたと言います。その日は、2012年4月といいますから、10年前の話です。

彼は、続けてインタビューに答えます。

> 「よい授業であれば実際に授業に出て、教授とコミュニケートするメリットというものが大いにあると思っています。また、補習授業で他の生徒たちとチームを組んで、実際に問題を解くことのメリットも大いにあると考えています。これらは、タブレットでは取って代われない。」(吉成真由美 2012：249)
>
> 「実際にその場所に行って直接体験することのメリットは、ずっと残ると思います。教育も同じです。ただ、大部分がオンラインに移行することはたしかでしょう。」(吉成真由美 2012：250)

紙の教科書はどうなるのか

人間が得る知識量について吉成真由美がたずねると、「各家庭から本棚がどんどん消えつつあります」とレイトンは指摘しながら、本に比べてオンラインは「最新情報をより早くより深く得られる」ことがメリットだが、「ただし、制御や編集がなされていないため、間違った情報も一緒くたにされている」ことがデメリットだと指摘します。

> 「まあ、政府が情報操作していないということで、かえって正しい情報が出てくるという面もありますが (笑)。非常に多面的な情報が得られるということです。」(吉成真由美 2012：250)

というジョークも交えて、答えています。

これまで本やプリントで配られていた教材がオンラインで配布さ

れる、これは「良い傾向」だとレイトンは考えています。「本が進化していくのと同じように学校や大学のクラスも進化していくでしょう」と言って、紙の教科書や教材で学ぶ授業が、オンラインの教科書や教材を使いながら学ぶ授業へと変化していく、それは進化だと言うわけです。

　「オンラインで誰もがただでアクセスできるようにしたいですね」というのが大学教授として、授業のために本を書いてきたレイトンの願いです。(吉成真由美 2012：251)

コロナ禍の中で日本も突然オンラインに

　米国は、できるところから時間をかけて、授業のオンライン化が進みました。ところが、日本では教員・教師も学生・生徒も基礎知識もスキルもなく、突然にオンライン授業に放り込まれることになります。米国の教師たちは経験豊富で、コンピュータソフトもたくさん開発され改良が重ねられています。ヨーロッパの学校関係者は、ソフト開発に入ったところでした。

　2020年の3月のことでした。教育行政の改革に乗り出していたOECD (経済協力開発機構) 教育・スキル局長アンドレアス・シュライヒャー (Andreas Schleicher) は、ハーバード大学大学院教授のフェルナンド・レイマーズ (Fernando M. Reimers) と連名で緊急メッセージを発します。レイマーズは、「大学院グローバル教育イノベーションイニシアチブ」を担当していますので、米国の強みを生かして世界規模で教育を変えていこうと考えていたはずです。

　「オンライン学習をサポートするインフラやデバイスへのユニバーサルアクセスが未設備の国や学校システムでは、オンライン教育を展開する可能性は低い」(Reimers and Schleicher 2020：7、レイマーズ &

シュライヒャー 2020：9) という状況にあっても、

「しかし、そのようなインフラがない場所で、デジタル機器の
提供や接続手段の確立に投資することは肝要である。つまり、
デジタル・インフラの整備は、通常の教育予算で遂行するのは
難しくても、このパンデミック対策としては必須の投資と見込
まれる可能性が高い」(Reimers and Schleicher 2020：7、レイマーズ & シュ
ライヒャー 2020：11)

と呼びかけたわけです。

日本では、2019 年 12 月 13 日の閣議決定において「GIGA スクー
ル構想」への補正予算が盛り込まれています。その流れの中に、
2020 年 3 月が訪れたわけです。

同時進行的に、開発に先行していたオンラインソフトは、売り上
げが急増します。よくできた学校教育ソフトとして「Google Class-
room」というものがあります。その解説書には、次のようなことが
書いてあります。

「実際、この前代未聞の事態は、日本だけでなく、世界中で起
きていました。

そして、この大混乱を乗り切るツールとして、多くの学校で
選ばれていたのが Google Classroom (グーグル クラスルーム。以下、
Classroom) です。

2020 年 3 月初め、Classroom はすでに世界中で約 5,000 万人の
教師と児童生徒が使っていました。それが、コロナ禍の影響で
ユーザー数がみるみるうちに増え、3 月の終わりにはなんと 1
億人に到達。たった 1 ヶ月で利用者数が倍増したのです。」(イー
ディーエル株式会社 2020：14)

日本でも、一人一台タブレットが配布されることになりました。

教え込み型オンラインソフト

では、どう使ったらいいでしょうか。

教科書を解説するような授業を一方的に流して、生徒が一斉に見るという形式なら簡単です。オンラインなら、受講生の制限はありませんから、楽しい授業、生徒を引きつける授業、わかりやすい授業など、効果が高い授業を選んで配信すればよいことになります。

ビデオに収録すれば、受講生の都合でいつでも視聴可能にすることもできます。次の年も使えるかも知れません。突き詰めれば、英語の授業は世界中同じになってもおかしくないですね。

ここまでなら、レイトンの言う通り、「タブレットが授業に取って代わることもできます」ということです。

質問を受け付ける、学習成果をレポートにして提出させる、それぞれに教師がコメントを返すというのも、オンラインでできます。

極端に言えば、教科書の単元ごと、スーパー・ティーチャーが授業して、質問やレポートに対応するアルバイトの助教を多数配置すればよいということになります。放送大学のように、授業にはディレクターがつき、無駄な部分や失敗部分は編集すればとても見やすい授業になります。

詰め込み教育批判

米国タフツ大学の幼児・思春期教育研究者デイヴィッド・エルカインド (David Elkind) は、『ミスエデュケーション (*Miseducation*)』(1987 年) という著書で、詰め込み教育の低年齢化を問題視しています。この書の副題は「危機に立つ就学前児 (*Preschoolers at Risk*)」ですので、米連邦政府が発表した『危機に立つ国家 (*A Nation at Risk*)』(1983 年) をもじっ

たものだと分かります。『危機に立つ国家』は、当時経済成長の著しい日本の教育をモデルにして、学校教育を強化しようという提案になっています。

　教え込みのカリキュラムがいったん出来上がると、それをスピードアップしようとか、早い年齢から開始しようと考える人たちも出てきます。時には、それが英才教育と呼ばれ、親が教育熱心だからだと解釈されることもあります。

　エルカインドは、この著書の第7章に、「*Industry and Competence versus Inferiority and Helplessness*」とのタイトルを付けています。子どもは努力することで力（competence、コンピテンス）を付けていきます。できたときに大人に認められ、自分もにも達成感があり、力が感じられます。この「有能感（competence）」があればこそ、できたことが嬉しいからこそ、引き続き勤勉に努力します。この「勤勉さ（industry）」は、お金で売り買いするものではありません。

　彼は、固定したカリキュラムを順々に教え込んでいくという教育方法を「体系的教育（formal instruction）」とか「象徴的・派生的方式（the symbolic and derived modes）」と呼びました。そして、このような教育方法を幼稚園に持ち込むということは「まだ受け入れ態勢のできていない子どもたちに、象徴的・派生的学習経験（symbolic and derived learning experiences）をわれわれが押しつけているということなのだ」と連邦政府の教育姿勢を批判しました。（Elkind 1987：140、エルカインド 1991：168-169）

　幼児の学習様式は「体験的で原則的」であるべきで、「広い探究や体験ができるように多彩な教材を豊富に与える」ことが必要だと、エルカインドは主張しました。（Elkind 1987：140、エルカインド 1991：167）

　感覚・運動的な活動そのものに面白み、楽しみ、充実感を感じ、

やってみたいという興味・関心を感じ、やってみようという意欲が湧いてくるものです。しかし「うまくいかない」「どうしたらいいか分からない」という時には、活動を放棄してしまいます。同じような体験が重なると、自分にはできない、自分は取り残されてしまったというような「劣等感」や「無力感」が形成されてしまいます。

エルカインドは書いています。

> 「デンマークでは、小学二年までは読解教授は行いません。それまでは、豊富な、準備的で体験的な言語経験をします。つまり、本を読んでもらったり、話しかけてもらって、自分自身のストーリーを口述したり、視覚的な言葉を学んだりすることを促されます。デンマーク人は、ほぼ100％リテラシーがあります。」(Elkind 1987：140、エルカインド 1991：168)

エルカインドからすれば、幼稚園を構想して、1837年に幼児教育の実践を開始したフレーベルでさえ、早期教育の実践者と見なされます。「ごっこ遊びの道具や砂場などは余り充実していないことが多い」(Elkind 1987：170、エルカインド 1991：201)とエルカインドはフレーベルの幼稚園を批判します。「個人的適応を社会的適応に変えようとする、つまり遊びを仕事に変えようとする」(Elkind 2001：218、Elkind 2007：218、エルカインド 2002：298)と、子どもたちは遊びを止めてしまうというのです。遊びはあくまでも遊びであるべきで、遊びを「お勉強」に変えてしまってはいけないと、エルカインドは言い張るわけです。

コンピュータ学習批判

エルカインドは、発達の危機を警告する著書『急がされる子どもたち (*The Hurried Child*)』を版を重ねて長期にわたって出版してきまし

た。米国の子どもたちへの教育が、ますます加速化し、しかも低年
齢化しているというのです。子ども時代がなくなっていく様子を、
1981年（初版）、1988年（二版）と描いていますが、2001年の第三版か
らは「乳幼児用パソコンソフト、脳研究、インターネット」に関す
る章が増やされました。1990年代末から、パソコンが家庭に普及
し、多様なソフトが販売されて、詰め込み教育がこれまで考えられ
なかったスピードで加速化、低年齢化していったからです。

　彼によると、1990年代のはじめには教育用ソフトの対象年齢は7
歳から12歳だったと言います。ジャン・ピアジェ（Jean Piaget）の言
う「具体的操作期」もしくは「形式的操作期」に入り始めた子どもた
ちです。したがって、エルカインドの早期学習批判とは、コンピュー
タ学習そのものではなくて、「受け入れ態勢のできてない子どもに」
系統的なカリキュラムを押しつけること、詰め込み教育教育を批判
していたのだと解釈できます。

　1998年に「生後半年から2歳児」という乳幼児向けソフト『ジャン
プスタート・ベビー（Jumpstart Baby）』が発売されました。因果関係、
音楽、色、形、動物、衣服という概念を勉強できるという触れ込み
だったそうです（Elkind 2001：102、Elkind 2007：102、エルカインド 2002：
152）。この時期は、ピアジェの言う「感覚運動期」で、イメージ（表象）
とか観念がまだ定着していない時期です。イメージは、実物のうち
何らかの特徴を取り出して脳の中に形成される精神的な像のことで
す。

　続いて、生後9か月から3歳児向けに『ベビーワオ（BABYWOW）』
が発売されます。300を超える図と200以上の単語を学びます。こ
の時期は、ピアジェの言う「前操作期」に入り始める頃です。言葉
をくり返したとしても、それが何を指しているのか、理解している
のやらはっきりしないころです。

　『ベビーロム（BABYROM）』は、生後半年から4歳児向けのソフトで、幾何学図形、アルファベット、数字を学び、体の部分を見つけるというものです。

　このような乳幼児向けソフトは、「ラップウェア（lapware）」と呼ばれたようです。その名の由来は、

　　「乳幼児が親などの膝に座って、ディスプレイに出てくる絵を見たりパソコンから流れる音楽を聴きながら、キーボードを押したり、マウスを動かしたり、どれか大きなボタンを押して遊ぶというもの」

ということからきたようです。

　1999年には、3歳から6歳児向けとうたわれたソフトの総売上は3億900万ドル、乳幼児ソフトは77万本販売されたそうです。

　エルカインドは、刺激を与えすぎると子どもたちは不安に陥って、成長を害することになると考えています。

　　「子どもに一番必要なのは、世界というのは安全な場所であって、自分の欲求は満たしてもらえる、自分は大切にしてもらえて、この世界にいる大人に守ってもらえるという健全な感覚なのである」（Elkind 2001：105、Elkind 2007：105、エルカインド 2002：155）

と、エルカインドは述べています。

　書かれた文字や言葉と、音や話を意味の上で結びつけ、具体的な動作のイメージと筋肉の動きを結びつけて活動できるかどうか、これは簡単なことではありません。エルカインドは、「きわめて複雑な能力であり、たいていの子どもは5歳か6歳まで習得できない」（Elkind 2001：106、Elkind 2007：106、エルカインド 2002：157）と判断しています。

　乳児期のコンピュータ学習は、特別な効果は生まないようです。

　ただし、コンピュータを子どもたちに開放したシーモア・パパー

ト（Seymour Papert）は、効果の有無は使い方次第で、その限界はまだ分からないと考えています。

　「コンピュータは、どの年齢でもうまく使うことができる。コンピュータは、どの年齢でも誤って使うこともできる。

　　十分賢く使用することを理解する前に持てる力を食い物にすることで、コンピュータが『赤子への刺激物』とか『子守り』として使われることを、私は恐れている。できるだけ早期に、（コンピュータを使って）学校の授業を始めれば、子どもたちが人生によりうまく準備できるという考えを、私は恐れている。この考えは、多くの心理学者によって厳しく批判されてきた。もっとも雄弁だったのは、『急がされる子どもたち』によるデイヴィッド・エルカインドのものだろう。これらの古い抗議に、私も新しくもう一つ加えたい。コンピュータは、低年齢の子どもたちの本性にはきわめて一致する、新しい形態の学習の機会を開放する、ということを。古い形態を押しつけるためにそれを使うことは、ばかばかしいことだ。」(Papert 1996：98-99)

と述べています。教科書通りに知識を詰め込む古い授業をコンピュータにさせることは、間違っているだけでなく、余りにももったいないことであり、かつ不条理だとパパートは16年も前に言っているわけです。

知識を詰め込む危険

　つい最近まで、ヨーロッパの学校教育は7歳から始まる国がたくさんありました。学校で文字を教えるのも6歳までは公的には避けられてきたという意味です。そのような国では、6歳児対象の学校教育は、就学前教育と呼ばれました。

　言語学では、音や文字で表される言葉（単語）は、「意味するもの（signifiant、signifier、能記）」つまり意味・中身を運ぶ人工的な器ととらえます。言葉の意味・中身は、「意味されるもの（signifié、signified、所記）」と呼びます。

　言葉を覚えることと、言葉の中身を理解することは、直接には結びつきません。このことは、子育てした親ならば誰もが経験したことです。というよりも、誰もが子どもの頃に経験したことです。赤ちゃんの頃から、他者とのコミュニケーションやものをなめたりかじったり、動かしたりしながら経験の中で人間はよいこと、望ましいことなど社会的な意味を自分の中に作り上げていきます。つまり、言葉の意味は感性、感情をともなって、身の回りの社会で使われている意味（語義、意義）と重なるように学習されるわけです。

　人間は、脳の働きによって、学習したことだけしか理解できませんので、自分の経験をもとにして論理的に推論して他者の経験を論理的に理解できるまでには、かなりの発達段階を踏まなくてはならないことが心理学的に分かっています。

　たとえば、「痛い、痛い」と言っている相手の言葉を理解するには、声の調子、顔の表情、体のしぐさなど、総合的に推論するわけです。医者の場合には、「ここですか」「キリキリ痛みますか」などと問いかけながら、測定機器によるデータを使って痛みへの対処方法まで推論しなくてはなりません。言葉を理解するには、理解しようとする意志や、意欲を働かせ、いくつかの方法を利用しなくてはならないわけです。言葉の理解には、音や文字を把握するだけでなく、感情や意欲と関わらせて積極的に知ろうとすることがとても大事なわけです。つまり、音や文字の詰め込みは、言葉の理解にほど遠いわけです。

　しかも子どもは、同時にまた、親や先生の言葉でも不都合がなければ、よく分からなくても黙っていれば問題はないということも学習します。不都合があれば、しかられるくらいなら隠すようになるでしょう。黙ってしたがっていれば、あるいは、こどもに体験させれば子どもが理解したと、親も教師も誤解するものです。

デューイの懸念

　米国の教育哲学者ジョン・デューイ (John Dewey) は、『民主主義と教育』(1916 年) という本の中で、
　　「小学校の活動に関しては、次の点を心にとめておくべきである。すなわち、その基本的目的は、楽しませることでもなければ、できるだけ苦痛を与えずに情報を伝達することでもなく、またスキルを獲得することでさえもない。これらの成果は、結果として生ずるかも知れない。しかし、基本的目的は、経験の範囲を拡大し豊かにし、知的進歩に対する興味を鋭敏かつ効果的にしておくことなのである。」(Dewey 1916：242、デューイ 1975b：64-65)
と書いています。言い直せば、中学生以降になって論理的な形式操作が十分できるようにして、「記号による間接的経験」という教科の「系統立った学習」を効果的に行えるように、探究する活動的な「十分な直接的経験」を積んでおくことだというわけです。

デジタルゲーム学習

　しかし、受け身の学びは面白くありません。試験の成績が悪ければ、やる気も起きません。理解もできないのに、カリキュラム通

りに授業がどんどん進んでいくというのは教育に値しません。

　米国のゲーム学習の研究者、マーク・プレンスキー（Marc Prensky）によりますと、米国では、デジタルゲーム学習とは、「遊びを通した学習（learning via play）」として考えられていて、学校、企業、軍隊など広い世界で行われています。プレンスキーは、これを「新しい学習のパラダイム」と呼びます。パイロットが飛行訓練のシミュレーションをする学習機器は、ゲームセンターでレーシングカーの運転体験ができるゲームと同じです。（Prensky 2000：19、プレンスキー 2009：15）

　プレンスキーが、2000 年の段階で学齢期の代表例に挙げているのは、①コンピュータゲームでアルファベットを学ぶ幼児、②プレイステーションで小学校の教科を学ぶ小学生、③幼稚園から高校までカリキュラムに取り入れられているコンピュータチェス、④多人数参加型のオンラインゲームで選挙戦の駆け引きを学ぶ高校生、といったものです。米国では、すでに 20 年前には、ゲームが教育手段として社会的に認知されていたのです。

　ゲームの制作者は、教育者さながらの配慮をしています。

　まず、「挑戦せずにはいられないようなゴールをプレイヤーに与える」ことです。あれこれを手に入れるという短期目標、レベルを上げるという中期目標も設定して、プレイヤーが自己目標を定めてプレイできるように工夫してあるようです。

　つぎに、「0.5 秒に 1 回は何らかの意志決定をしている」というくらいに集中し、結果がうまくいった時には自分の意志決定に満足し、自分の力を実感しながら、ゲームを楽しんでいるのだとプレンスキーは分析しています。まるで、「ストレスを楽しんでいる」状態だというのです。（Prensky 2006：60-61、プレンスキー 2007：82-83）

　この意志決定については、「何を、いつ、どのように行うかを事

前に計画してその準備を行い、ゴール到達のためにどの戦略を採用するかを判断することなどが含まれる」といいますから、相当な思考力と判断力が養われることもあります。しかも、「自分自身の状態、つまりスキルは十分か、独りでやれるか、他人の助けが必要か、もう少し練習が必要か、などの私たちのすべてが日常生活で直面しているような問題に対する意志決定を行っているのだ」とまで、プレンスキーは見抜いています。(Prensky 2006：62、プレンスキー 2007：84)

デジタルゲーム学習は、米国の家庭に広く入り込んでいます。子どもたちは、さまざまなコンピュータゲームに触れてすでに育っています。幼児の頃からコンピュータに触れながら育っているのが21世紀の子どもたちの姿です。

学校への普及

スタンフォード大学教育学部教授のラリー・キューバン (Larry Cuban) は、コンピュータの使用状況について研究していました。1998年時点で米国の小学校における使用状況は1台あたりに生徒は7.5人でした。高校では、7人です。当時のパソコンのモニターは、大きくて重い、箱形のブラウン管でした。一人一台ではないので、教室に置いて共同で使うか、特別室に設置して生徒が移動する状態でした。家庭のゲームには使っているけれど、また政府が10年間にわたって巨額の投資をしたのに、学校の学習ではあまり使用されていないこと、学力向上という成果は出ていないと結論を下しています。(Cuban 2001：199、キューバン 2004：209)

学校の学習にコンピュータはそれほど使われていませんでした。それでも、書くという行為が、鉛筆やペンからワープロに代わったことは大きな変化を生み出しました。家庭では、インターネットか

ら資料をダウンロードできるようになっていました。カナダのトロント在住の二人の著作家、アリソン・アームストロング（Allison Armstrong）とチャールズ・ケースメント（Charles Casement）の指摘から2000年当時の北米の状況を紹介してみましょう。

　二人は、文章を書くという活動がもたらす変化にとりわけ注目しています。モニターは、複数の人間が見ることができますから、文章を書いている最中に他者が介入してきます。学校では、話し合う機会を作るようにしますので、他人から観察されながら文章を書く作業が進行します。ある研究者は、「以前は心の中で密かに行われていた」作業が「目に見えるようになった」と表現しているのだそうです。

　ワープロ入力の文章は、「話し合いや協働」を促進するので「書くことは話すこととそれほど違わなくなり」、「単なる下書き、草案」になり、子どもたちは作文を苦にしなくなっていると見なされます。また、「一度書いてしまうと固定されて変えることができないものではなく、際限なく見直しや変更が可能なものととらえるようになる」（Armstrong and Casement 2000：97、アームストロング＆ケースメント 2000：168-169）のではないかと考えられるというのです。

　そのために、かつてのような「よい文章を書くにはまず筋道を通して明確に考える訓練を経るべし」という考え方が失われ、「自分自身の目で見たり、肌で感じたりした経験を生かして書くことの大切さも無視して」（Armstrong and Casement 2000：104、アームストロング＆ケースメント 2000：178-179）、「手当たり次第に単語をもてあそぶ」コンピュータに惑わされ、「文章の体裁に気をとられ」たり、「書式に夢中になる」傾向が危惧されていると、二人は指摘しています。（Armstrong and Casement 2000：105-106、アームストロング＆ケースメント 2000：180-181）

　要するに、「読み書きの能力に必要なこと」は、「日常生活で自分が遭遇する場面や経験について思いを巡らす」ことで育ってくる「リフレクションの力」なのだと決定的に重要なことが浮き彫りにされます。(Armstrong and Casement 2000：79、アームストロング＆ケースメント 2000：141-142)

　このように深刻な問題を把握しながらも、アームストロングとケースメントの結論は、オンラインリテラシーへの変化を受け止めるしかないということになります。

　　「だがすでに、さらされている子どもたちは、ショッピングモールの環境全体から、テレビ、コンピュータまで、収拾のつかない情報の海で溺れかけている (are already drowning in a sea of information) に等しい。

　　とはいえ、教育のコンピュータ化に注がれる資金や、民間企業が教育課程に与える影響の大きさを考えると、やはり、情報ハイウェイを走り抜けることが現代の教育目標<u>そのもの</u>となってきたという結論にたどり着かざるを得ない。職場の大人たちと同じように、子どもたちもデータ作成と情報消費を交互に果たすことが求められる時代が来たのである。」(Armstrong and Casement 2000：126、アームストロング＆ケースメント 2000：206)

これは、今から 20 年以上も前、2000 年の北米の話です。

オンライン授業の流れ

　米国の学校にコンピュータが普及するのは、2000 年を越えてからのことで、パーソナルコンピュータがノートパソコンやタブレットに改良され、移動通信技術が進んで Wi-Fi(無線 LAN の国際規格)につなげばどこでも使えるようになってからです。

　言い方を変えれば、ノートと鉛筆を使わないで、学校で広く授業が進められるようになったのは、ここ20年の話になるということです。日本は、米国よりほぼ25年、ヨーロッパの先進諸国よりほぼ15年遅れているという感じです。その間も、ゲームソフトや学習ソフトは、着々と開発されてきました。ここが、世界に誇る米国の圧倒的な強みだと考えられます。

　コロナ前の2018年と2019年に、筆者が勤務した大学から北欧の教員養成大学に交換留学に行った大学2年生の体験です。授業で使っていたソフトは、itslearningというノルウェーの情報企業作成のソフトでした。ファイル管理は、Google Drive を使っていたようです。

　世界最大手の学習支援ソフトは、2019年1月にスタートしたGoogle Classroom です。その前身は、2014年に始まります。Googleのサイトの右上に表示されるランチャーの中のアプリ群がすべて、Google Classroom でも使えます。YouTube の動画をリンクさせたり、スマホ画面も取り込めます。また、オンラインで Google Earth を使って、世界中の衛星画像、航空写真などが利用できます。どのように使うか、その技能がオンラインリテラシーになります。

　生徒一人ひとりが「学びたい」と思える授業、探究型の「主体的・対話的で深い学び」を可能にする授業作りが現代の教育課題ですが、そのような授業のつくり方も用意されています。

　授業のデザインとして、まず、教師から生徒に個別作業用の課題スライドが一式配布されます。事前に授業のテーマが知らされ、ビデオを見るとか、課題文を読んでおくとか、予習を促されます。たいてい自分の経験が問われます。授業が始まると、自分の経験や意見をグループに分かれて発表します。この経験や意見をもとにグループで討論して、グループの意見をまとめます。まとめている最

中でも、Google Drive に保存されているファイルを開けば、同時進行で他のグループの作業も閲覧できます。この記録をもとに、授業では各グループの様子を代表が発表します。ここで意見交流するか、教師がコメントを付けて理解をさらに進めようとします。最後に、授業の成果を生徒が入力して授業は終わります。

時には、読み物や、作業といった課題が求められたり、お知らせがあって、生徒の関心は次の授業につなげられていきます。これらは、Google Drive という共有フォルダーに保存します。

一定のテーマ期間や授業単元が終了するごとに、学びのポートフォリオとして保存していくこともできます。

このように、Google Classroom は国際標準の学習ソフトとして開発されていますので、教科書通りに一斉に、一方的に教師が解説する授業を想定して作成されていません。

国際バカロレアの例では、中学生になると「個人プロジェクト」を各自が設定し、自分の学びを「プロセス・ジャーナル」としてクラス内に公表していきます。これは、ネットで検索することもできます。

アップル社関連で開発されている「ロイロノート・スクール」は、ネットで調べてみますと、日本語、ひらがな、English、中文と言語が選択できます。「子どもたちが考えるのを助け、その考えを人に伝えることができる道具です」と紹介されています。中学校を中心に採用されています。

日本の大学では、2001 年に使用開始された Moodle という学習環境プラットフォーム、つまり「オンライン学習システム（e ラーニングシステム）」が使われています。

2014 年にアイオワ州アイオワシティに設立された「ペア・デック（Pear Deck）」は、幼稚園から高校までの授業支援に開発されたソフト

です。

　Reading Forum は、教師、親、教育行政関係者向けの教育力育成のオンライン・コミュニティです。

　世界では、たくさんの教育支援ソフトが開発されています。しかし、商品用に開発されたソフトは、不特定多数の消費者向きに作られています。クリエイティブに活動できる学習者にとっては、そのような全員一斉に固定された学習ソフトは邪魔になります。たとえ「考える力を重視する」「探究型の学習」と教師が唱えたとしても、型ができれば伝統的教育の同化圧力と同じことが起きてしまうことに、私たちは細心の注意を払う必要があります。

学校のカリキュラムを使いこなす力

　2010 年時点で、スタンフォード大学の教育史研究者デイヴィッド・ラバリー（David F. Labaree）は、

> 「米国の教育システムは、学校カリキュラムを使いこなす生徒を育成するのにはあまり長けていないが、自己志向的で、起業家精神がありクリエイティブな卒業生を生み出すことには、まずまず効果的だと考えてよいのではないか。」（Labaree 2010：219、ラバリー 2018：238）

> 「教科学習という厳密さを増すことで経済成長に拍車をかけようとする、米国の学校改革者たちの努力は、的外れであり、かつ逆効果でさえあるだろう」（Labaree 2010：220、ラバリー 2018：238）

と総括しています。ラバリーが言う「学校カリキュラムを使いこなす生徒」とは、すでに答えが決まっている「教科の知識や技能」を覚えて、それを再現する人材という意味です。米国の強みは、学校教育が教科書に書いてある知識を覚えることだけに制限されるよりも、

そこから個人的な学びを発展させているところにあるようです。

self-directed（自己志向的）とは、自発的、主体的と訳されますが、自分としては何をしたいのかをはっきりさせ、どうすれば実現するのかを考え、たとえ困難であってもやりきるということで、「自己起点で物事を考える」ということです。

entrepreneurial（起業家精神）とは、リスクを承知で理想を描いて活動し、たとえ失敗しても経験を生かして改善しながら実現していく知恵と勇気を指します。

米国では、多様で活動的なオンライン学習のおかげで、一方的な詰め込み教育がなんとか克服されていて、個性が発揮される機会が大きいというのが、ラバリーの総括のようです。

オンラインでは、学習ソフトに指定されているように、定型スタイルでクラウド上にあるファイルに向かって様々な入力をしていきます。教科書を覚えることよりも、それをヒントに一人ひとりが自分の意見を書き込んでいきます。これは、個人の考え方の表現、個人が創作した作品なのですが、コンピュータはそれをすべて情報として扱います。

一人ひとりの生徒の反応の様子、教師の指導の様子、そして成果の様子が情報としてストックされていきます。このデータがビッグ・データとなり、もっとも効率よい解決の仕方、もっとも上手い指導の方法が決定されます。たくさんの成果に対して AI によってベストアンサーという評価が下されるかも知れません。

生徒一人ひとりの個性が、たくさんのデータの中で浮かび上がることはよいことです。ですが、この情報が蓄積されたものは、大学入試、採用試験などに使われることもあるかも知れません。さらに、就職後の活動とリンクされるかも知れません。

ちょうど、スマホで買い物をしたり、旅行先を選んだり、好きな本や音楽を探しますが、私たちの行為は、情報に影響されると共に情報源にもなります。

オンラインリテラシー

　まず、パソコンを使いますから、キー・ボード入力ができること
です。筆者の聞き取りによると、デンマークではもう 15 年ほど前
には学校で鉛筆を使わなくなっていたようです。

　私たちは、コンピュータでは、画面 (e-reader screen) を言語より広い
記号で読み取っていきます。文字を含む記号、絵文字など新しい文
字や表象の世界です。歯車の印は「設定」、虫眼鏡の印は「検索」と
いうように、標準化された特別な解釈を覚えます。これがオンライ
ンリテラシーになっていきます。現代日本語の研究者たちは、

　　　「絵文字、エモチコン、顔文字 (emoji, emoticons, and *kaomoji*) は、スマー
　　　トフォン、タブレット、ノートというデバイスを毎日用いる際
　　　に重要な役割を演じている」(Giannoulis and Wilde 2020：1)

と紹介しています。

　画面に表示される位置も、記号の形と同様に読み取りの情報とな
ります。画面全体のアナログ的読み取りということですが、大体こ
のあたりにありそうだという直感も重要です。人間の方からすると、
これまでの経験から、「なんとなくこのあたりかなあ」と決意でき
る場所とか、位置とか、他とは異なる特徴ある形や色などの手がか
りが見つかるものです。たとえば、産卵の時期になると体の色が鮮
やかに変わる魚とか、鳥ではオスが華やかな形と色でメスにとって
は自然と見分けがつくとかということもあります。事物の物理的な
性質として直接的な刺激ではないけれども、「特定の動物にとって
は意味が区別できる環境の性質」を「アフォーダンス (affordance)」と
呼びます。正確には「環境が動物に与え、提供している意味や価値」
(佐々木正人 2015：60) と定義されます。認知科学によって、情報の流
れは分析されています。

　パソコンのファイル管理の原理に関する知識は、ファイル管理のスキルにつながります。

　オンラインリテラシーにとって特別な単語も「保存」「コピー」「切取り」「削除」など、言語全体に比べればそれほど多くは必要としません。むしろ、コンピュータソフトの言語が、英語をベースにしていますから、英語使用者にとっては負担が軽減されます。

　オンラインリテラシーは、民族語という言語的リテラシーを補充すればなんとかなるものなので、読解リテラシーの補完として考えられます。

検索エンジン

　オンラインリテラシーの最大の特徴は、検索エンジンを使って知りたい情報を探す時に大いに実力が発揮されます。したがって、探し出した特定のページのみ読み取るという読解力になりがちです。人類が読書によって培ってきた、「全体を見ながら部分を読み進め」ていき、「文章全体、執筆者の考え方そのものを把握しよう」とする努力が失われてしまうのではないかと懸念されています。

　オンラインリテラシー最大のメリットは、膨大な情報の中で必要な情報にたどり着く速さと、入手できる量の多さです。デメリットは、都合の悪い情報は切り捨ててしまうので、状況把握を誤りやすいことになります。したがって、常に自己修正するリフレクション力を働かせておく必要が出てきます。「キー・コンピテンシー」が重要なのは、このリフレクション力をすべてのコンピテンシーの基盤となる能力とみなしているからです。

　したがって、執筆者の主張を筋を通して「縦」に読み取ることと、情報を「横」に広げて主張の全体を読み取ること、しかも他者の意

見と比較しながら読み取ることが必要になってきます。教科書が有益なのは、この「知識を体系化、構造化する」努力がなされていることです。このような努力こそ、「自己創作マインド（self-authoring mind）」と呼べるでしょう。

長時間の努力もコピーすれば一瞬

　オンラインリテラシーの大きなメリットのもう一つは、たちどころにコピーできることです。何時間、何日も、複数の人間が携わって作成した文章とか、概念図が、単なる情報として扱われると、ものの数秒でコピーできます。情報と知識とは、こんなにも扱いが違うものです。あっけないことですが、これがオンラインリテラシー最大のメリットです。

　したがって、オンラインリテラシーのもう一つの最大のメリットは、他者の成果を加筆・修正しながら完成品を容易にバージョンアップすることができることです。しかし、これは著作権とかプライバシーという思想とは対立します。また、悪意ある書き換えも容易だということにもなります。

　写経という行為がありますね。お経をそっくりと書き写すことですが、書き写しながら考え、「ありがたい思想にたどり着く」ということもできます。苦労もなくコピーができると、そこに書かれている思想や意見の内容を理解して、それを尊重するという機会も失われていきます。情報と知恵とは、これまた大違いであることが分かります。情報は、きわめて抽象化された事実を伝えるだけなので価値中立です。よく言えば、多様な価値を伝えることが可能です。しかし、意図を持って情報を遮断することも、ときには、悪意を持って情報を使うこともできるわけです。

　オンラインリテラシーには、数値化されたものはすべて、この非認知的側面、価値とか意味とか、思想とか社会意識(イデオロギー)といったものを考察できる能力が含まれてしまうわけです。

　デモクラシーの基本原則である「他者の存在を尊重する」ことは、これまた家庭や学校教育でじっくり育てられなくてはならないということになります。

第2章　読解力の定義変更

（1）読解力とは何か

国際生徒調査 PISA にみる読解力（読解リテラシー、reading literacy）

2000 年に国際生徒調査 PISA が開始された時点の、読解力（読解リテラシー）の定義は、

> 「読解力とは、自らの目標を達成し、自らの知識と可能性を発達させ、効果的に社会に参加するために、書かれたテクストを理解し、利用し、リフレクションすること（understanding, using and reflecting）である。」（OECD/PISA 1999：20、経済協力開発機構 2004：92）

でした。この時、書かれたテクストとは、「連続型テクスト」と「非連続型テクスト」に分けられていました。（OECD/PISA 1999：25-28、経済協力開発機構 2004：93-95）

「連続型テクスト」は、

①記述（description）。事物の特性に言及するもの。「なぜ」に答えるもの。

②物語（naration）。対象の時間的な特性に言及しているもの。「いつ」または「どのような順序で」に答えるもの。

③解説（exposition）。複数の要素で構成された概念または精神的な

構造物が提示されているもの。「どのようにして」といった質問に答えるもの。

④議論 (argumentation)。概念間の関係に関する命題、および命題間の関係を述べるもの。「なぜ」といった質問に答えるもの。

⑤指示 (instruction) もしくは命令 (injection)。何をどうなすべきかを指し示すもの。

⑥ハイパーテクスト (hypertext)。異なる配列で読むことができるようにして、テクストを結びつけて情報に到達する経路を考案させるもの。

から構想されていました。特に注意したい点は、「言葉 (words)」ではなく「概念 (concepts)」で定義されていることです。日本側は、ほとんどこの点を意識できませんでした。

また、「非連続型テクスト」は、

①書式 (forms)。役所や組織の申込用紙のように、特定の質問に特定の方法で答えるもの。

②情報シート (information sheets)。時刻表やカタログのように、情報を提供するもの。

③バウチャー (vauchers)。チケットや請求書のように、所有者がどのようなサービスを受けられるか、受けたのかに関する情報が書かれたもの。

④証明書 (certificate)。保証書や証明書のように、記述内容が事実 (truth) であることを証明するもので、証明することができる権限ある者のサインがしてある。

⑤宣伝・広告 (calls and advertisements)。読み手に呼びかけるようにデザインされた文書。招待状のように誘ったり、警告、通告のように注意を促す文書のこと。

⑥図・グラフ (charts and graphs)。データを映像的に表現したもの。

⑦図（diagrams）。解説書や説明書のように、機能やプロセスを技術的に説明する図。

⑧表・マトリックス（tables and matrices）。予定表や一覧表のように、縦と横、行と列に区切って特徴を表示するもの。情報構造が表示されたもの。

⑨リスト（lists）。あいうえお順の名簿とか、販売品一覧のように、並べただけのもっとも簡単な非連続型テクスト。

⑩地図（maps）。距離と方角がわかるように地理的な関係を図示したもの。

と説明されていました。

　読解力が、きわめて広く設定されたことで、漢字習得と文学作品の読解を重視してきた日本の「国語教育」は大きな衝撃を受けることになりました。いわゆる「PISA ショック」は、日本においては、PISA2003 の結果が公表された 2004 年 12 月に訪れます。ついに、2006 年 1 月に、国語教育の対象を「PISA 型読解力」に変更することが文部科学省から学校現場に伝えられました。

新しいバージョンの読解力（読解リテラシー）

PISA2009 より、大きく二つの改革が施されました。

　一つは、次のように読解リテラシーの定義が変更されたことです。

　　「読解力とは、自らの目標を達成し、自らの知識と可能性を発達させ、効果的に社会に参加するために、書かれたテクストを理解し、利用し、リフレクションし、これに取り組むこと（understanding, using and reflecting on and engaging with）である。」（OECD/PISA 2010：23、経済協力開発機構 2010：37）

というように、「取り組む」ことが読解力に含まれたことです。

　この「取り組む」とは「読む意欲 (motivation)」を意味しており、「情緒的特徴と行動的特徴の結合単位」を含み込むことでもあると見なされ、そこには、

　　「読むことへの関心や喜び (interest in and enjoyment)、読むものを自分で決められるという感覚 (sense)、読むことの社会的次元への参加、様々にかつしょっちゅう読解を実践すること」(OECD/PISA 2010：24、経済協力開発機構 2010：38)

などが含まれると、説明されています。

　リフレクションすれば、読解したテクストに関連して自分も何か行動を起こしてみようとすることもまた、当然のことと思われます。

　「読むものを自分で決められる」という感覚を望ましいこととして提起することは、教科書に閉じ込められている子どもたちを解放しようという、大胆な試みであると評価できるでしょう。

　もう一つの改革は、OECD/PISA が「電子テクストの読解」調査に着手したことです。オプションの自由参加として、「コンピュータ使用型読解リテラシー調査 (ERA)」が初めて作成されたことです。

　「書かれたテクスト」の「表示形態」には、「手書き、印刷、電子的なもの」という3種類があると見なします。このうち、電子テクストは、印刷や手書きのテクストに比べて、

　①物理的な読みやすさ、

　②読み手が一度に目にできるテクストの量、

　③テクストとの異なる部分や別個のテクストがハイパーテクストリンクを通じて相互に結びつけられること、

　④これらのテクスト特性のために生じる、電子テクストへの読み手の典型的な取り組み、

　⑤印刷や手書きのテクストよりもはるかに高い、読解活動を終わらせるために読み手が独自の経路を構築する必要性、

という利点があると、『評価の枠組み』には明言しています (OECD/
PISA 2010：24、経済協力開発機構 2010：38)。2009 年時点ですでに、産業
先進諸国の社会環境はこちらにシフトしており、今後、この変化は
決定的になると OECD は読み切ったようです。

　読解のタイプとして、CEFR (セファール、ヨーロッパ言語共通参照枠)
における 1995 年の議論から、①私的目的の読解、②公的目的の読
解、③仕事のための読解、④教育のための読解と分類されています。
(OECD/PISA 2010：24、経済協力開発機構 2010：38)

　最終的な CEFR の定義は、①個人領域、②公的領域、③職業領域、
④教育領域とされています。(Council for Cultural Co-operation 2001：45、欧
州評議会 2014：46)

PISA2018 から完全オンラインリテラシーのバージョンに

　伝統的な教室は、生徒個人の机と椅子が黒板に面して整然と並ん
でいます。

　伝統的な授業は、英語では「チョークとトーク (Chalk and Talk)」と
も言われ、教師が教科書を順々に解説して、生徒に正解を覚えさせ
る「黒板・教壇・先生のおしゃべり」という形式をとっていました。

　それが今や、「『チョークとトーク』型教育は、貧困サイクルの燃料」
とまで言われて、否定されるようになっています。

　パソコンを使って学習ができる、仕事ができる能力をオンライン
リテラシーと呼びます。ICT スキルとか情報リテラシー、デジタル
読解力などとほぼ同じ概念だと考えていただいても結構です。パソ
コンをネットにつないで勉強する、仕事する。これは、今や当たり
前の労働形態になってきました。

　国際学力調査 PISA (ピザ) の読解力テストは、2018 年よりオンラ

インリテラシーになってしまいました。日本が紙とハンコを使い続けてきた平成の時代に、韓国やシンガポールも含め先進産業国では働き方も社会生活も変化してしまったようです。今や、日本だけが労働者の平均賃金が低下しているという状況で、円安になっても売るものがなく、買うにも買えないという経済状況に陥ってしまいました。まさに貧困サイクルに陥ってしまったわけです。

PISA2018 では、読解力の定義が、次のように変更されます。

> 「読解力とは、自らの目標を達成し、自らの知識と可能性を発達させ、効果的に社会に参加するために、テクストを理解し、利用し、リフレクションし、これに取り組むことである。」
>
> （OECD/PISA2019：28）

お分かりでしょうか。「書かれたテクスト」が単に「テクスト」と表記され、手書きも、印刷も、電子テクストもすべてひっくるめた表記に改められたのです。結果的に国際生徒調査 PISA は、読解リテラシーをオンラインリテラシーで測定することになってしまいました。コンピュータを使用して、Web サイト、投稿文、電子メールなど、オンライン上の読解を行うという、いわゆるデジタルテクストを読解するオンラインリテラシーというものに変わりました。

読解リテラシーに関する二点目の大きな変化は、「評価しリフレクションする」という測定領域が質的により高度化されたことです。

読解リテラシーとして測定される能力は、**図 2-1**、**図 2-2** のように、①情報を探し出す、②理解する、③評価しリフレクションする 3 領域です。

そのうち、③は図 2-2 のように、「内容と形式についてリフレクションする」という従来の観点の他に、「質と信ぴょう性を評価する」と「対立を見つけて対処する」という 2 つの観点が加えられました。

このことについて、OECD/PISA は、次のように説明しています。

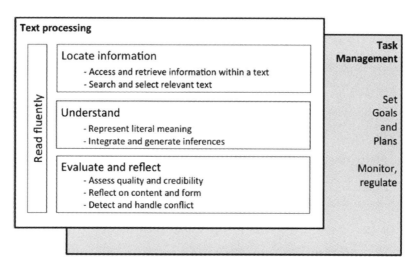

図 2-1　PISA2018 における読解枠組みのプロセス

（OECD/PISA 2019：33）

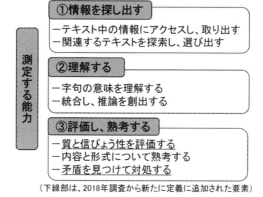

（下線部は、2018年調査から新たに定義に追加された要素）

図 2-2　PISA2018 における測定能力の構図

（国立教育政策研究所編 1919a：4）

（OECD/PISA 2021：25）

「質と信ぴょう性を評価する」ことについて、読者は、テクストの一部に述べてある情報の質と信ぴょう性が評価できなくてはならないということを意味します。多くの場合、「情報やその情報源が有効か」どうかを考察することです。テクストの質と信ぴょう性を評価するには、「誰が、いつ、何を目的にしてそれを書いたのか」に触れることもあります。

「対立を見つけて対処する」とは、読者は、テクストの複数の部分で矛盾する情報に遭遇するときに、対立に気づき、対立を処理する必要があることを意味します。まず読者は、矛盾する主張の出所を突き止めます。次に、主張の正当性、あるいは根拠の信ぴょう性を評価します。

正しい内容が書いてあるテクストを読んで理解するという能力とは異なった視点が求められています。

日本の 15 歳はふたたび読解力低下

PISA2018 は、読解力テストの設問が更新され、詳しく測定されるサイクルの年でもありました。評価の観点も変更されたのです。リテラシー平均点の国別ランキングに注目すると、**図 2-3** のようになります。日本は、読解力では一度盛り返しましたが、再び低下に転じています。日本の子どもたちは、読書量を増やし、記述式の答案にも慣れてきましたから、目の前にある文章の理解は伸びてきました。

フィンランドは国際順位を低下させていますが、エストニアが急上昇しています。

図 2-4 を見ると、エストニアやフィンランドは、設問文から問題

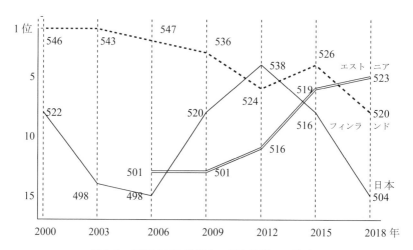

図 2-3　PISA2018 読解力の経年順位と平均点

（国立教育政策研究所編 2019b：12-14、国立教育政策研究所編 2019d：12-14）

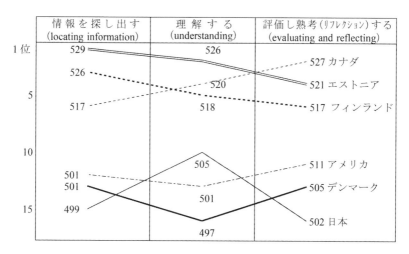

図 2-4　PISA2018 読解力 3 領域の順位と得点

（国立教育政策研究所編 2019b：12、国立教育政策研究所編 2019d：12）

解決に必要な情報を探し出し特定する能力が極めて高いことがわかります。

　しかし、調査結果では、日本には「理解する」の前後に問題があるというわけです。さらに深い読みをするために課題意識を持って情報を探してくる力が弱いのです。また、理解したことが自分にとって、あるいは社会にとって意味あることなのかと成果を定着させ、発展させることがよくできていないわけです。

　日本人は、情報を理解する能力が比較的得意です。しかし、日本人の学びは、情報が常に与えられているせいなのか、生徒が情報を探し出す能力が図中の国々よりは低く出ています。日本の高校生は「評価しリフレクション（熟考）する」という、読解力テストの最終プロセスが弱いことが特徴です。このプロセスは、与えられた情報以外の、自分が既に学んでいる知識や経験と、理解した新しい情報とを比較しながら、与えられた情報の妥当性を評価・判断し、自己の考えを再整理して表出したりする能力です。さらに、実際の授業やテストのリフレクションでは、自分の考えを整理した上で、古い考えを修正し、新たに起きてきた疑問をさらに探究し、自己調整しながら、今後に備えていくという能力になります。

　これは、いわゆる「概念の一般化」という授業の本質的な側面です。多くの授業が、正解を学べばよい、言葉を覚えればよいというプロセスで終わってしまっているのではないかと心配されます。

　読解力テストが更新され、詳しく測定された前回、PISA2009のデータと比較すると、「読書は、大好きな趣味の一つ」と答えている日本の高校1年生は、3.2ポイント増加して45.2％です。OECD加盟国平均は、0.4ポイント増加して33.7％ですから、多くの国で読書活動を奨励したようです。日本の伸び率はきわめて高く、教育界全体の努力がうかがえます。

　それならば、読解力の得点がなぜ下がったのでしょうか。文部科学省の国立教育政策研究所の分析では、次のようになっています。

○読解力の平均得点の低下に影響を与える要因について分析したところ、生徒側（関心・意欲、自由記述の解答状況、課題文の内容に関する既存知識・経験、コンピュータ画面上での長文読解の慣れ等）、問題側（構成、テーマ、テキストの種類、翻訳の影響等）に関する事項などの様々な要因が複合的に影響している可能性があると考えられる。

○読解力を測定する3つの能力について、それらの平均得点が比較可能な2000年、2009年及び2018年（読解力が中心分野の回）の調査結果を踏まえると、
・「②理解する」能力については、その平均得点が安定的に高い。
・「①情報を探し出す」能力については、2009年調査結果と比較すると、その平均得点が低下。特に、習熟度レベル5以上の高得点層の割合がOECD平均と同程度まで少なくなっている。
・「③評価し、熟考する」能力については、2009年調査結果と比較すると、平均得点が低下。特に、2018年調査から、「質と信ぴょう性を評価する」「矛盾を見つけて対処する」が定義に追加され、これらを問う問題の正答率が低かった。

○また、各問題の解答状況を分析したところ、自由記述形式の問題において、自分の考えを根拠を示して説明することに、引き続き課題がある。誤答には、自分の考えを他者に伝わるように記述できず、問題文からの語句の引用のみで説明が不十分な解答となるなどの傾向が見られる。

（国立教育政策研究所 1919a：4）

日本の子どもたちは、ゲームはするけど勉強にデジタルは使わない

　ICT活用調査では、日本の15歳（高校1年生）の状況が国際的に比較されています。

　学校の授業でデジタル機器を使用しないと答えた生徒は、80%もあって、OECD加盟国中最も多い結果になっています。

　学校外においても、**図2-5**のように、デジタル機器が学校の学びとほとんど結びついていません。その代わり、「ネット上でチャッ

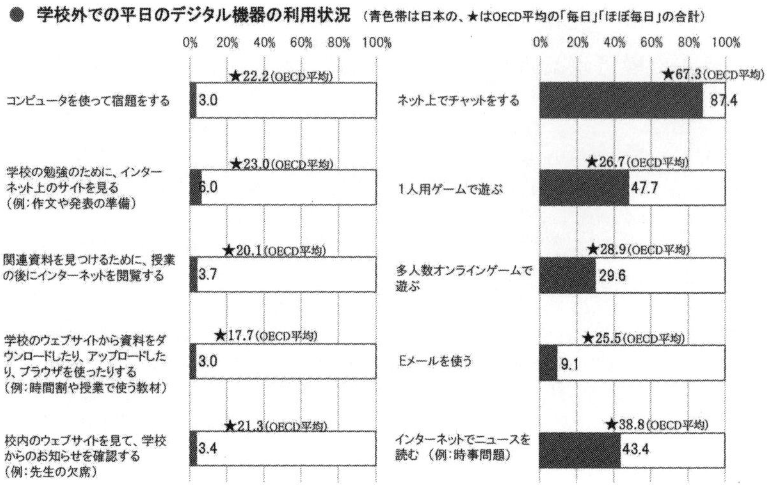

● **学校外での平日のデジタル機器の利用状況** （青色帯は日本の、★はOECD平均の「毎日」「ほぼ毎日」の合計）

図 2-5　デジタル機器の利用状況の比較

（国立教育政策研究所編 1919a：10）

トをする」「一人用ゲームで遊ぶ」という項目では、OECD 平均より
もかなり高くなっています。

(2) オンライン読解力（読解リテラシー）テスト例

読解力の世界標準が変わりつつある

　具体例として示されている『ラパヌイ島 (Rapa Nui)』(OECD/PISA
2020、国立教育政策研究所編 2019c) を例に OECD/PISA が示しているオ
ンライン読解リテラシーの内容を考えてみましょう。

　まず、課題文には、**図 2-6** のような「はじめに」というページが
設けられていて、課題の舞台設定が説明してあります。

図2-6　はじめに

> 下の文章を読んで、「次へ」ボタンをクリックしてください。
>
> 地元の図書館で来週講演会があります。講演をするのは、近くの大学の教授です。彼女は、チリの 3200 キロメートル西にある太平洋のラパヌイ島に関するフィールドワークについて話をします。
> あなたは、世界史の授業でその講演を聴きに行くことになりました。そして講演会に行く前に知識を得るため、ラパヌイ島の歴史を調べるという課題が先生から出されました。
> 一つ目の資料は、その教授がラパヌイ島に滞在していたときに書いたブログです。
> 「次へ」ボタンをクリックして、ブログを読んでください。

　「はじめに」は、「生徒が課題に公式に応答する前によく表示される」もので、「問題に出てくる設問に対して、生徒を準備するように助ける説明ページ」として独立して設定されていると、出題者側は説明しています。(OECD/PISA 2021：57)

　表2-1 は、『ラパヌイ島』を解答した生徒の読解力レベルの分布です。この読解力レベルと、「はじめに」というページにかけた時間との関連性を調べてみると、高得点（レベル4以上）の生徒は平均

表 2-1　『ラパヌイ島』を解答した生徒が「はじめに」にかけた時間と得点レベルの関係

習熟度レベル	得点	比率 (標準誤差)	「はじめに」にかけた平均時間
レベル 6	698.32-	1.96% (0.1)	19.88 秒 (0.9)
レベル 5	625.61-	10.37 (0.2)	20.10 (0.6)
レベル 4	552.89-	24.57 (0.2)	18.39 (0.3)
レベル 3	480.18-	28.68 (0.3)	16.22 (0.2)
レベル 2	407.47-	21.38 (0.3)	13.63 (0.2)
レベル 1a	334.75-	9.79 (0.2)	12.03 (0.4)
レベル 1b	262.04-	2.77 (0.1)	11.09 (1.1)
レベル 1c	189.33-	0.45 (0.1)	11.89 (2.1)
レベル 1c 未満	<189.33	0.02 (0.0)	7.99 (1.7)

（OECD/PISA 2021：57）

　19.5 秒、低得点（レベル 1a 以下）では 10.8 秒という結果が出ています。約、半分になっています。データとは恐ろしいものです。こんなことまで、情報にしてしまうとわかるのです。標準誤差は推定量のばらつきの度合いを示す統計上の数値です。

　データを分析すれば、「できる」と判断されるレベル 3 以上は、16 〜 20 秒ほどかけていることがわかります。だからといって、「はじめに」に時間をかければ得点が上がるというわけではないでしょう。課題文を直接読む前に、どこに注目して注意を払うように頭が準備されたか、いわゆる「構え」が作られたかということになるでしょう。あるいは、余裕があって、解答作成後に確かめる時間をとったのかも知れません。

　出題例『ラパヌイ島』の「はじめに」からは、課題文は複数あって、一つ目は「大学の教授が太平洋の島を調査した」ときに書いたブログである、ということが生徒の心の準備として作り上げられます。「チリの 3200 キロメートル西にある太平洋のラパヌイ島」に関することとありますから、少なくとも太平洋の孤島であることはイメー

ジできます。日本の高校 1 年生ですから、かなりの生徒は「イース
ター島」「モアイ像」のことを知っているはずです。

　読み終わると、右上の▶をクリックして、次のページに移ります。

　次のページは、**問 1** です。**図 2-7** のように課題文『**ある大学教授
のブログ**』と**設問**できています。『ある大学教授のブログ』全文は**図
2-8** のようです。

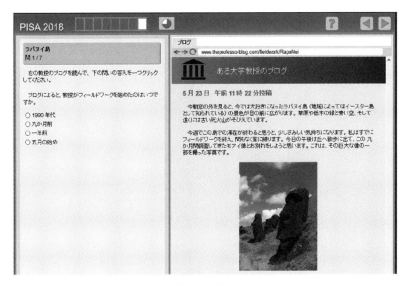

図 2-7　問 1

　この問 1 は、「情報を探し出す」設問です。問 1 は、

右の教授のブログを読んで、下の問の答えを一つクリックしてください。

ブログによると、教授がフィールドワークを始めたのはいつですか。
○ 1990 年代
○九か月前
○一年前
○五月の始め

ある大学教授のブログ

5月23日 午前11時22分投稿

今朝窓の外を見ると、今では大好きになったラパヌイ島（地域によってはイースター島として知られている）の景色が目の前に広がります。草原や低木の緑と青い空、そして遠くには古い死火山がそびえています。

今週でこの島での滞在が終わると思うと、少しさみしい気持ちになります。私はすでにフィールドワークを終え、間もなく家に帰ります。今日の午後は丘へ散歩に出て、この九か月間調査してきたモアイ像とお別れをしようと思います。これは、その巨大な像の一部を撮った写真です。

今年ずっと私のブログを読んでくださっている方なら、これらのモアイ像はラパヌイ族の人々が数百年前に彫ったものだということを、すでにご存じでしょう。この素晴らしいモアイ像は、島の東部に一つだけある石切り場で彫られた物です。中には重さが数十トンにもなる像もありますが、ラパヌイ族の人々はクレーンや重機なしに、これらを石切り場から遠く離れた場所に運んでいたのです。

これらの巨大な像がどのように運ばれたかについては、考古学者の間でも長年知られていませんでした。このことはずっと謎とされてきましたが、1990年代に考古学者とラパヌイ島の住人からなるチームが、植物で作ったロープや木のローラー、かつて島にたくさんあった大木から作られた枕木路でモアイ像を運搬し、立たせることができたということを実演しました。モアイ像の謎は解けたのです。

しかし、別の謎が残りました。モアイ像を運ぶのに使われた植物や大木はどうなったのでしょう？ 最初に書いたように、今窓の外を見ると草原と低木と数本の小さな木だけで、巨大な像を動かすために使われた物は何も見当たりません。この興味深い疑問については、今後の投稿や講義の中で探っていきたいと思います。それまでの間に、自分でこの謎について調べたいと思う方もいらっしゃるかもしれません。そんな方にはジャレド・ダイアモンド氏の『文明崩壊』という本をおすすめします。まずは、こちらの『文明崩壊』の書評を読むといいでしょう。

👤 **旅人_14**　　　　　　　　　　　　　　5月24日 午後4時31分

こんにちは先生！ 先生のイースター島のブログを読むのが大好きです。『文明崩壊』も早速チェックしてみます！

👤 **KB_アイランド**　　　　　　　　　　　5月25日 午前9時7分

私も先生のイースター島での体験記を読むのが大好きですが、他にも検討するべき説があるようです。こちらの記事をご覧ください。
www.sciencenews.com/Polynesian_rats_Rapa_Nui

図2-8　ある大学教授のブログ

となっています。

　本文には、「九か月間調査した」と書いてありますから、「九か月前」をクリックします。簡単そうに見えますが、「習熟度レベル4」となっています。

　問1に解答して、右上の▶をクリックすると、次の**図2-9**のような**問2**のページに移ります。読解プロセスの「理解する」能力をみる設問です。**設問**は、

右の教授のブログを読んで、下の問の答えに入力してください。

ブログの最後の段落に、「……別の謎が残りました」と書かれています。
教授がここで指している謎とは何ですか。

となっていて、四角い回答欄があります。解答は、この中にワープロで自由に入力します。

図2-9　問2

「……残りました」という言葉に続いて、「モアイ像をはこぶために使われた植物や大木はどうなったのでしょう？」とありますから、この部分を書くだけで、それほど迷うことはありません。

自由記述問題なので、採点基準がOECD/PISA側で用意されています。

正解は、「(モアイ)像を運ぶために使われた道具が消えたことに言及している答え」です。具体例として、

□モアイ像を運ぶために使われた植物や大木はどうなったのでしょう？[直接引用]

□モアイ像を運ぶことができた大木が残っていないこと。

□草，低木と数本の小さな木はあるが，巨大な像を動かすのに十分な大きさの木はない。

□大木はどこでしょう？[最小限]

□植物はどこでしょう？[最小限]

□像を運ぶのに必要とされた資材はどうなったのかということ。

□教授は周りを見渡しても大きな木や植物がないので，何がモアイを動かしたのかと述べている。教授はそれらに何が起きたのかについて不思議に思っている。[違う謎を述べるところから始めているが，正確な要素を含む答え]

が正解の許容範囲です。

誤答は「無関係，曖昧，不十分，または不正確な答え」で、無答と共に無得点と採点されます。具体例として、

□何も残されていない。

　[不十分。答えにはモアイを動かした道具についての言及がなければならない]

□モアイ(巨大な像)がどのように運ばれたのかという謎。

　[不正確。最初の謎について述べている]

□どのように像が彫られたか。［不正確］

□モアイを動かすために使われた植物や大木について述べている。

　　［不十分。植物及び／または 木が消滅していることについて，

　　明示的または暗示的に言及していない答え］

のようなものが挙げられています。

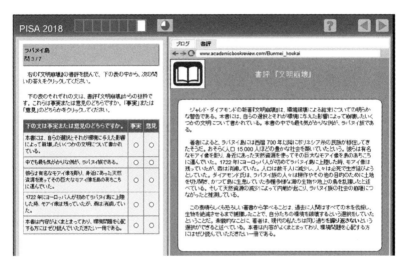

図 2-10　問 3

　右上の▶をクリックすると、次の図 2-10 のような問 3 のページ
に移ります。書評『文明崩壊』と表 2-2 のような設問が並んだペー
ジが出てきます。問 3 は、「評価し、熟考する」能力を評価する設
問とされています。

　書評『文明崩壊』には、

　ジャレド・ダイアモンドの新著『文明崩壊』は、環境破壊による結末について
の明らかな警告である。本書には、自らの選択とそれが環境に与えた影響によっ
て崩壊したいくつかの文明について書かれている。本書の中でももっとも気がか
りな例が、ラパヌイ族である。

　著者によると、ラパヌイ島には西暦700年以降にポリネシア系の民族が移住してきたそうだ。おそらく人口15,000人ほどの豊かな社会を築いていたという。彼らは有名なモアイ像を彫り、身近にあった天然資源を使ってその巨大なモアイ像を島のあちこちに運んでいた。1722年にヨーロッパ人が初めてラパヌイ島に上陸した時、モアイ像は残っていたが、森は消滅していた。人口は数千人に減少し、人々は必死で生き延びようとしていた。ダイアモンド氏は、ラパヌイ族の人々は耕作やその他の目的のために土地を切り開き、かつて島に生息していた多種多様な海の生物や地上の鳥を乱獲したと述べている。そして天然資源の減少によって内戦が起こり、ラパヌイ族の社会の崩壊につながったと推測している。

　この素晴らしくも恐ろしい著書から学べることは、過去に人間はすべての木を伐採し、生物を絶滅させるまでに捕獲したことで、自分たちの環境を破壊するという選択をしていたということだ。楽観的なことに、著者は、現代の私たちは同じ過ちを**繰り返さない**という選択ができると述べている。本書は内容がよくまとまっており、環境問題を心配する方にはぜひ読んでいただきたい一冊である。

と書かれています。これを受けて、設問は、

　右の『文明崩壊』の書評を読んで、下の表の中から、次の問の答えをクリックしてください。

　下の表のそれぞれの文は、書評『文明崩壊』からの抜粋です。これらは事実または意見のどちらですか。「**事実**」または「**意見**」のどちらかをクリックしてください。

とあります。そこで、同一画面右の書評を読みながら、表2-2のような解答表に「事実」として書かれているのか、著者の「意見」として述べられているのか判断してクリックしていきます。

表2-2　問3の解答欄

下の文は事実または意見のどちらですか。	事実	意見
本書には、自らの選択とそれが環境に与えた影響によって崩壊したいくつかの文明について書かれている。	○	○
中でももっとも気がかりな例が、ラパヌイ族である。	○	○

彼らは有名なモアイ像を彫り、身近にあった天然資源を使ってその巨大なモアイ像を島のあちこちに運んでいた。	○	○
1722 年にヨーロッパ人が初めてラパヌイ島に上陸した時、モアイ像は残っていたが、森は消滅していた。	○	○
本書は内容がよくまとまっており、環境問題を心配する方にはぜひ読んでいただきたい一冊である。	○	○

　正答は、上から、事実、意見、事実、事実、意見となります。全問正解で「完全正答」、4 問正解で「部分正答」、その他は「誤答」と評価されます。

　この設問は、「習熟度レベル 5」となっています。

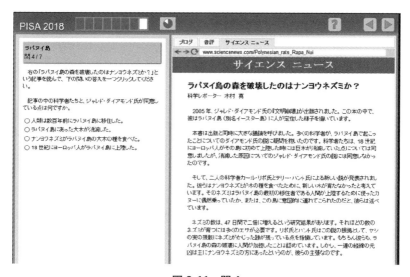

図 2-11　問 4

　さらに、右上の ▶ をクリックすると、**図 2-11** サイエンスニュースのページが出てきます。この**問 4** は、「情報を探し出す」設問です。

　課題文の「サイエンスニュース」は、次のような文章です。

ラパヌイ島の森を破壊したのはナンヨウネズミか？
科学レポーター　木村 真

2005 年、ジャレド・ダイアモンド氏の『文明崩壊』が出版されました。この本の中で、彼はラパヌイ島（別名イースター島）に人が定住した様子を描いています。

本書は出版と同時に大きな議論を呼びました。多くの科学者が、ラパヌイ島で起こったことについてのダイアモンド氏の説に疑問を抱いたのです。科学者たちは、18 世紀にヨーロッパ人がその島に初めて上陸した時には巨木が消滅していた点については同意しましたが、消滅した原因についてのジャレド・ダイアモンド氏の説には同意しなかったのです。

そして、二人の科学者カール・リボ氏とテリー・ハント氏による新しい説が発表されました。彼らはナンヨウネズミが木の種を食べたために、新しい木が育たなかったと考えています。そのネズミはラパヌイ島の最初の移住者である人間が上陸するために使ったカヌーに偶然乗っていたか、または、この島に意図的に連れてこられたのだと、彼らは述べています。

ネズミの数は、47 日間で二倍に増えるという研究結果があります。それほどの数のネズミが育つには多くのエサが必要です。リボ氏とハント氏はこの説の根拠として、ヤシの実の残骸にネズミがかじった跡が残っている点を指摘しています。もちろん彼らも、ラパヌイ島の森の破壊に人間が加担したことは認めています。しかし、一連の経緯の元凶は主にナンヨウネズミの方にあったというのが、彼らの主張なのです。

　この課題文を読んで、次のような設問に答えます。

　右の「ラパヌイ島の森を破壊したのはナンヨウネズミか？」という記事を読んで、下の問いの答えを一つクリックしてください。

　記事の中の科学者たちと、ジャレド・ダイヤモンド氏が同意している点は何ですか。

　　○人類は数百年前にラパヌイ島に移住した。
　　○ラパヌイ島にあった大木が消滅した。
　　○ナンヨウネズミがラパヌイ島の大木の種を食べた。
　　○ 18 世紀にヨーロッパ人がラパヌイ島に上陸した。

とあります。　正解は、「ラパヌイ島にあった大木が消滅した」です。

　「18 世紀にヨーロッパ人がラパヌイ島に上陸した」というのは、

判断に迷う記述です。文中に「初めて」ということばが入っていれば、正解ととらえるべきでしょう。

これは、「習熟度レベル5」となっています。

問5（**図2-12**）も、同じくサイエンスニュースを読み込みます。「情報を探し出す」設問です。

　右の「ラパヌイ島の森を破壊したのはナンヨウネズミか？」という記事を読んで、下の問いの答えを一つクリックしてください。

　ラパヌイ島の大木が消滅した理由の根拠として、カール・リボ氏とテリー・ハント氏が挙げている証拠は何ですか。

○ネズミが移住者のカヌーに乗って上陸したこと
○ネズミは移住者が意図的に連れてきたかもしれないこと
○ネズミの数が47日間で二倍に増えること
○ヤシの実の残骸にネズミがかじった跡が残っていること

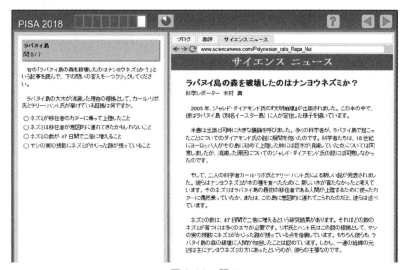

図2-12　問5

　〇印の１つをクリックします。正答は、「ヤシの実の残骸にネズミがかじった跡が残っていること」です。大木の消滅とネズミの活動とを因果関係で結びつける論理を考える問題です。

　これは、「習熟度レベル４」となっています。

　問６（**図2-13**）もまた、サイエンスニュースのページを使います。読解プロセスの「理解する」能力をみる設問です。「習熟度レベル５」となっています。

　右のタブをクリックすると、それぞれの資料を読むことができます。

　二つの説に関して、それぞれの原因とそれらに共通する結果を正しい位置にドラッグ＆ドロップして、下の表を完成させてください。

　日常的にパソコンを使って学習していないと、思考がすんなりいかないかも知れません。画面の各部分にＡＢＣ（**図2-15**）①②③④⑤⑥（**図2-16**）と記号を付けて説明しましょう。

　タブをクリックするとは、 ブログ 　 書評 　 サイエンスニュース のどれかを選択することです。ドラッグ＆ドロップとは、図2-16の「二つの説」に書き込まれている６つのカード①～⑥のどれかを図2-15の空白部分Ａ、Ｂ、Ｃに移動させて論理図を完成するということです。

　問５で確認したように、結果は、大木の消滅ですから④をＣの場所に移動させます。

　カール・リポ氏とテリー・ハント氏は、ネズミ説を立てたので、Ｂの場所には②を当てはめます。

　ジャレド・ダイアモンド氏の考えは、『書評』だけを読めば⑥であることは分かります。ところが、『ある大学教授のブログ』が頭にあると、「重さが数十トンにもなる」モアイ像を動かすに

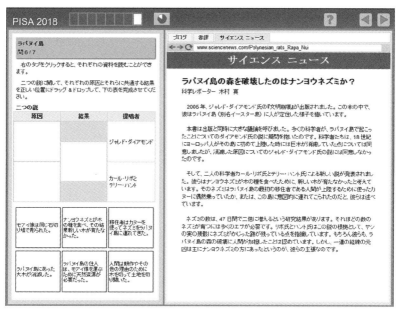

PISA 2018

ブログ　書評　サイエンス ニュース
www.sciencenews.com/Polynesian_rats_Rapa_Nui

ラパヌイ島
問 6 / 7

右のタブをクリックすると、それぞれの資料を読むことができます。

二つの説に関して、それぞれの原因とそれらに共通する結果を正しい位置にドラッグ＆ドロップして、下の表を完成させてください。

二つの説

原因	結果	提唱者
		ジャレド・ダイアモンド
		カール・リポとテリー・ハント

モアイ像は同じ石切り場で彫られた。	ナンヨウネズミが木の種を食べ、その結果新しい木が育たなかった。	移住者はカヌーを使ってネズミをラパヌイ島に連れてきた。
ラパヌイ島にあった大木が消滅した。	ラパヌイ島の住人は、モアイ像を運ぶために天然資源が必要だった。	人間は耕作やその他の理由のために木を切って土地を切り開いた。

サイエンス ニュース

ラパヌイ島の森を破壊したのはナンヨウネズミか？

科学レポーター 木村 真

2005 年、ジャレド・ダイアモンド氏の『文明崩壊』が出版されました。この本の中で、彼はラパヌイ島（別名イースター島）に人が定住した様子を描いています。

本書は出版と同時に大きな議論を呼びました。多くの科学者が、ラパヌイ島で起こったことについてのダイアモンド氏の説に疑問を抱いたのです。科学者たちは、18 世紀にヨーロッパ人がその島で初めて上陸した時には巨木が消滅していた点については同意しましたが、消滅した原因についてのジャレド・ダイアモンド氏の説には同意しなかったのです。

そして、二人の科学者カール・リポ氏とテリー・ハント氏による新しい説が発表されました。彼らはナンヨウネズミが木の種を食べたために、新しい木が育たなかったと考えています。そのネズミはラパヌイ島の最初の移住者である人間が上陸するために使ったカヌーに偶然乗っていたか、または、この島に意図的に連れてこられたのだと、彼らは述べています。

ネズミの数は、47 日間で二倍に増えるという研究結果があります。それほどの数のネズミが育つには多くのエサが必要です。リポ氏とハント氏はこの説の根拠として、ヤシの実の残骸にネズミがかじった跡が残っている点を指摘しています。もちろん彼らも、ラパヌイ島の森の破壊に人間が加担したことは認めています。しかし、一連の経緯の元凶は主にナンヨウネズミの方にあったというのが、彼らの主張なのです。

図 2-13　問 6

原因	結果	提唱者
		ジャレド・ダイアモンド
		カール・リポとテリー・ハント

モアイ像は同じ石切り場で彫られた。	ナンヨウネズミが木の種を食べ、その結果新しい木が育たなかった。	移住者はカヌーを使ってネズミをラパヌイ島に連れてきた。
ラパヌイ島にあった大木が消滅した。	ラパヌイ島の住人は、モアイ像を運ぶために天然資源が必要だった。	人間は耕作やその他の理由のために木を切って土地を切り開いた。

図 2-14　二つの説

原　　因	結　　果	提　案　者
A		ジャレド・ダイアモンド
	C	
B		カール・リボと テリー・ハント

図2-15 「二つの説」の論理図

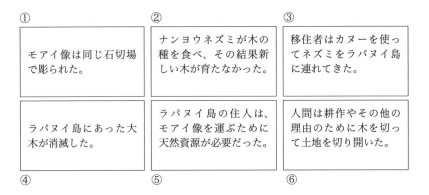

①	②	③
モアイ像は同じ石切場で彫られた。	ナンヨウネズミが木の種を食べ、その結果新しい木が育たなかった。	移住者はカヌーを使ってネズミをラパヌイ島に連れてきた。
ラパヌイ島にあった大木が消滅した。	ラパヌイ島の住人は、モアイ像を運ぶために天然資源が必要だった。	人間は耕作やその他の理由のために木を切って土地を切り開いた。
④	⑤	⑥

図2-16 移動可能な6つのカード

は「植物で作ったロープや木のローラー、かつて島にたくさんあった大木から作られた傾斜路でモアイ像を運搬し、立たせることができた」という記述に引っ張られて、⑤も論理的には可能だと考えるかも知れません。しかし、ジャレド・ダイアモンド氏がそう言っているとまでは判断できません。

『書評』によると、ジャレド・ダイアモンド氏は、「人々は必死で生き延びよう」として「自分たちの環境を破壊する」という選択をするのが人間なのだと主張しているようです。しかし、ジャレド・ダイアモンド氏なら、生活に困窮していた島民たちにモアイ像を建設

する余裕があったとは考えなかったと判断したのだろうと推測され
ます。

　正解は、⑥→ A、②→ B、④→ C と当てはめるもののみで、その
他は誤答として採点されます。

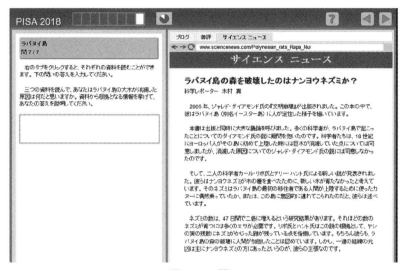

図 2-17　問 7

　最後の設問は、**図 2-17** のように、サイエンスニュースのページ
にある**問 7** です。設問は、

　右のタブをクリックすると、それぞれの資料を読むことができます。下の問い
の答えを入力してください。

　三つの資料を読んで、あなたはラパヌイ島の大木が消滅した原因は何だと思い
ますか。資料から根拠となる情報を挙げて、あなたの答えを説明してください。

となっていて、四角い枠の中に自由に記述します。

　採点基準は、次の①②③のうち一つ以上が書けていれば正答です。

①人々はモアイ像を動かすために大きな木を切り倒しまたは利用
　し，かつ／または耕作のために土地を切り開いた。

②ネズミが木の種を食べたために新しい木が育たなかった。

③実際に巨木に何が起こったかについては，更に研究を進めなけ
　れば分からない。

この3つが正答ですが，具体的には次のような許容範囲が例示さ
れています。

　□私は，人々がモアイ像を動かすために多くの木を切りすぎた
　　ので，木が消滅したのだと思います。[①]

　□人々は農業のために土地を切り開いた。[①]

　□木はモアイを動かすために使われていた。[①]

　□人々は木を切り倒した。[①]

　□人々はモアイを移動したかったので，これは彼らの責任です。
　　[①。木を切り倒すことを明示的に述べていないが，人々と(モ
　　アイを動かすために)木を切り倒したというひとつの理由とを述
　　べているので許容できる答え]

　□人々の責任です。彼らは環境を破壊した。[①。木を切り倒
　　すことを明示的に述べていないが，木を切り倒した結果を要
　　約した許容できる答え]

　□私は，ネズミが木の種を食べたことが，恐らく最大の打撃を
　　与えたのだと思います。[②]

　□ネズミが種を食べた。[②]

　□どの説が正しいかという証拠はないので，もっと情報が集ま
　　るまで待つ必要があります。[③]

　□両方とも。人々は耕作のために大きな木を切り倒し，そして
　　ネズミが木の種を食べたのだ！[①と②]

無関係，曖昧，不十分，または不正確な答えは、誤答として採点

されると例示してあります。具体的には、次のような解答です。

　　□ ネズミ［不十分］

　　□ 木［不十分］

　　□ モアイの移動。［曖昧］

　　□ どちらも［不十分］

　　□ ラパヌイ族は乱獲し，それが内戦の原因となって彼らの文明
　　　の崩壊につながった。［無関係］

　　□ 木や根を食べたネズミの方が，大きな問題だ。
　　　［ネズミが食べたのは種なので不正確］

　　□ 人々が破壊した。［曖昧］

　この設問は、「習熟度レベル4」となっています。

　このように、コンピュータを使いながら問題解決をしていくこと、本書で言うオンラインリテラシーもまた、読解力として解釈されるのが国際標準になってきているわけです。

　ワープロ入力すれば、可能な範囲でAIで採点する研究が進められていくものと推測されます。精度が上がれば、さらに複雑な長文でもほぼ採点できることになります。判断に迷う部分だけに人間が関わればよいわけです。OECDは、国際調査の採点方法を変更しながら、調査計画を進めていくものと考えられます。

第3章　新しい学びの可能性を作り出す

コンピュータが脳を拡大する

　「子どもにはコンピュータは早い」という論理を崩したのは、1928年に南アフリカで生まれたパパートでした。彼は、不自由なアパルトヘイトの国を飛び出します。1958年にケンブリッジ大学で数学の博士号を取得した後、1959年からスイスのジュネーブ大学「生成的認識論 (à l'épistémologie génétique; genetic epistemology、発生的認識論) 国際センター」にいた発達心理学者のピアジェのもとに移り住み、5年間研究を続けました。一般には「発生」と訳されますが、赤ちゃんであろうとも主体の意図的な努力がなされることを強調して、かつまた内部の精神構造自体が自己変革を作りだしていくという意味で、本書では「生成」と訳していきます。

　実は、「生成的認識論国際センター」は1955年にできたばかりの最先端の理論研究所だったのです。

　パパートの同僚のシンシア・ソロモン (Cynthia Solomon) からみると、「ピアジェによる発達心理の理論をシーモアが解釈したもの」として、次のようにわかりやすく表現されています。

　　「子どもとは、後から知識を注ぎ込みさえすればよいような空っぽの器ではない」(Minsky 2019：xvii、Minsky 2020：23)
　　「子どもは大人とは異なる世界観を持つが、年齢と経験を積み

重ねることにより、彼らの世界観は変化していく」(Minsky 2019：xvii-xviii、Minsky 2020：23)

「子どもは、自分たちの世界について自分の理論を持っている。子どもが知識と経験を獲得するにつれて、この理論を形作り変化させられる」(Minsky 2019：xix、Minsky 2020：25)

人間の学習は単なる知識の蓄積ではない、変化するものである、と言うのです。真理や正解を覚えることではないのです。何よりもまずこの点が日本の大人たちが真っ先に理解すべきことのようです。

ピアジェは、自分の子どもたちを観察しながら、有名な法則を確立します。つまり、成長とともに人間の精神を組み立てる論理構造が自ら質的に変化し、新しい構造を作りだすのだと、見抜きました。彼は、この理論を「生成的認識論」と名付けます。

ピアジェは、イメージもしくは言語を操作する特徴に基づき、人間の精神構造を次の5つにレベル分けしました。五感の刺激を基に動作の図式を作り上げていく「感覚運動期(0〜2歳)」、自分が頭の中に構成したイメージに基づいて物事を区別したり、動かしたりする「前操作期(2〜7歳)」、具体的な人物や物事を思い浮かべながらこの頭の中のイメージやことばを操作して課題を解決していく「具体的操作期(7〜11歳)」、抽象化された記号やことばを使って結果を予測しながら働きかけたり課題を解決していく「形式的(フォーマルな)操作期(11歳〜)」というものです。この理論は、今日もなお有効なものとして世界中で使われています。しかし、パパートは違うことを考えました。

形式的操作とは、具体的なたくさんの特徴には気を取られずに、必要な一点の特徴にのみ目を向けて合理的操作を行うことです。たとえば、「みかん2個とりんご3個があります。合わせて何個でしょうか」と問われたとしましょう。目の前に実際にミカン2個とりん

ご3個を並べて「一つ」「二つ」……と「五つ」まで数えるのは、感覚運動期の操作です。目の前に無くても、頭の中にみかん2個とりんご3個を思い浮かべて数えられれば前操作期です。直接ミカンやリンゴを思い浮かべなくても、タイルとか、左手の指2本と右手の指3本とか、具体的なものを使って数えられれば、具体的操作期です。2＋3＝5と計算してしまえば、形式的操作期です。

　しかし、「私は、みかんよりもリンゴの方がいい」とか、「このリンゴがおいしそうだから、こっちがいい」などと余分なことに気を取られたら、数学は成り立ちません。具体的な特徴にこだわりすぎると、抽象化が不十分になってしまい、授業について行けません。抽象化がうまくできないと、3X－X＝3という具体的記号へのこだわりが強い論理を立ててしまいます。先生は、「そうではなくて、わからないものをXと表す。それが3個あれば、3Xと書く」と説明を繰り返します。「先生、わからないものでしょ。わからないものが3個あるとどうして分かるのですか」とこだわってしまうと、形式的操作は行えません。そんなこともあり、これまで、日本の小学生全員に対して「方程式を教えるのは無理だ」ということになっていました。

　コンピュータも同様で、子どもたちに数字とアルファベットだけのプログラムが組めるわけがない、と解釈して日本の教育関係者は長いことコンピュータ利用授業を認めてきませんでした。

　初期のコンピュータは大がかりなもので、しかもとてつもなく高価なものでしたから、一般家庭にはありませんでした。当然に、コンピュータソフトは形式的操作期でないと使えないと解釈され、子どもたちはコンピュータから遠ざけられてしまったわけです。

人工知能研究に参加

　パパートは、1950年代後半にマサチューセッツ工科大学(MIT)のマービン・ミンスキー（Marvin Minsky）という研究者と出会います。同じ研究テーマであったため意気投合したと本人は言っています。

　1958年に、MITでは、人工知能(AI)研究の開拓者であるミンスキーたちが人工知能研究グループを組織していました。とりわけ彼は、「人工知能研究室」を設立していました。彼もまた、人間の精神はどのように生まれるのかに関心を寄せ、脳が行う推論を数学的なモデルに表現しようとしていたのです。（Minsky 2019、Minsky 2020）

　1963年には、パパートはMITに移って人工知能モデルを通して学習の理論化を試みることになります。待ち合わせの日にミンスキーの研究室に出向いたのですが、ミンスキーが約束の日時を間違えていたため、そこには現れなかったそうです。するとパパートは、待ち合わせの部屋にあったコンピュータPDP-1を勝手にいじり始めます。あるソフトを組み終わって動かしてみた段階で、パパートは、「プログラムで動くコンピュータの中に」「子どもが遊べる究極の砂場」を発見したと言います。彼は、「子どもたちも、マシンにアクセスできれば、粘土をいじるのと同じようにたやすく抽象的な概念を操ることができる」と考えつきました。（Neil 2005：134-135、Neil 2012：129-130）

　すぐれたソフトがあれば、子どもたちでも抽象的な概念を用いて形式的操作を行うことができるのではないかと考え始めたわけです。パパートは、1967年に、同僚とともにコンピュータ言語「LOGO」を開発します。モニター画面で、「LOGOタートル」という小型ロボットが図形を描くなどの動作を行えるようにしました。このソフトは、8歳から12歳、つまり「具体的操作期」の子どもにも扱える

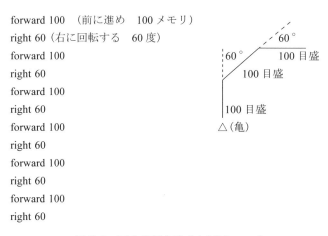

```
forward 100　（前に進め　100 メモリ）
right 60（右に回転する　60 度）
forward 100
right 60
forward 100
right 60
forward 100
right 60
forward 100
right 60
forward 100
right 60
```

図3-1　正6角形を描く LOGO ソフト

ように配慮されていました。

　たとえば**図3-1**は、画面上の小亀を動かして正6角形を描く LOGO ソフトです。

　ソフトの文字や数学だけ見ていると、これは形式的操作以外の何物でもありません。しかし、コンピュータは、具体的な操作を画面上に表現していきます。

　画面上には矢印ポインタの代わりに亀さんがいて、中央に真上を向いて止まっています。

　「forward 100」と入力すると、亀さんは 100 目盛直進して止まります。移動した軌跡は直線として画面には残っています。縦の1辺が描けました。もし、もっと大きいものを描きたいと考えれば、「forward 200」とすればよいのです。

　「right 60」と入力すると、亀さんはその位置で右に 60° 回転します。「right 45」とすると、少し少ない。「right 90」とすれば、かなり大きいと、目で見て感じ取れます。

　そこでまた「forward 100 」と入力すると、斜めの2辺目が描けます。

次の「forward 100」で、真横の3辺目が描けます。

正6角形が描けたところで操作を止めれば、最後の1行、「right 60」は不要です。

ことばで表現すると長くなりますが、コンピュータソフトなら二種類の言語と、数値だけですみます。数学では、シンプルで必要十分な情報だけですむところがミソです。

少し詳しく言い直しますと、これまで、正6角形はコンパスと定規で描いて学習してきました。この人間の思考をことばで表すのは長いですが、数式、つまり数学的モデルで表せばとてもシンプルです。しかも、コンパスを上手に回せない子がいて円くつながらなかったり、鉛筆の線が薄かったり、太かったり、かすれたりしたら、授業が本筋からずれてしまいます。コンピュータでは、入力する動詞は right と forward のみで、変化量は数値で表されているだけです。ことばによる表現と、数学による表現はこんなに違うのです。また、仕上げは、一方は人間の手作業でしなくてはなりませんが、他方は機械がやってくれます。

こうしてコンピュータを使うと、形式的な操作が、その都度、画面上の具体的な動きで確認できます。すると、子どもの頭の中で何が起きているか、想像してみてください。入力すればたちどころに操作の結末が見えるおかげで、間違った時に修正していけば、正6角形でも描けます。小学校低学年の子どもでも形式的操作と思えるコンピュータソフトに入っていくことができるわけです。

複雑な形式的操作の結論を合理的な思考だけで推論することは困難でも、コンピュータが支援すれば操作の結論をその都度具体的に表示できますので、論理的な形式的操作を前進させることができます。

パパートは、ピアジェの研究のうち、認識は人間主体の創造活動

であるという生成的認識論を引き継いだのですが、4段階の発達段階論からの逸脱を試みます。彼は、認識構造全体の質が古いままでも、個々に具体的に形式的操作が形成できると考えたわけです。

　1946年に台湾で生まれ、日本の大学で教育を受け、ハワイで教職に就いていて、1985年の時点で日本にロゴ教育を紹介したピーユン・イー（Piyun Yee）は、

　　「各発育段階の陰では、思考力がエンジンの役目をして絶えず
　　頭脳の中で働いているのです。特に4歳から7歳までの直感的
　　思考の段階から、7歳から12歳までの具体的操作段階にかけて
　　子供が思考力をより活発に活用し、育成することができる環境
　　を私たち大人が作ってやれば、12歳から15歳になった時に形
　　式的操作を身につけるためのしっかりした土台を与えることに
　　なります。」（イー　1988：66）

と、表現しています。

パパート流の生成的認識論

　まず、パパートは、人工的なコンピュータという環境が出現することで、ピアジェの発達段階論は修正されると考えました。

　「コンピュータを使って活動することで」、あるいは、「コンピュータやプログラミングに充分親しんだ人には」、また「コンピュータ文化のなかで暮らす子どもには」、「フォーマル」と思える作業（task）が「『フォーマル』とか抽象的ではない」と思え、具体的なもののように（as concrete）見えるだろう、とパパートは考えたわけです。

　　「われわれの文化は、あらゆる種類の対（つい）、組、一対一対
　　応に満ちていて、このようなことを話すことばにも富んでいる。
　　その豊かさが、3つの大きなキャンデーは4つの小さいキャン

64

デーに比べ多いのか少ないのかと子どもたちが考える上で、誘
因を提供し、モデルやツールを提供する。子どもたちは、そう
いう問題に対して並外れて直感的な数量の感覚を身に付ける。」
「ところが、われわれの文化は、組織的な手順のモデルという
点では比較的貧しい。つい最近まで、日常の言語にはプログラ
ミングなどということばは存在しなかった。」(Papert 1980：22、パ
パート 1982：30-31)

　コンピュータが普及し、子どもたちがプログラムに携われば、学
習環境そのものも変化したことになり、学習の質も方法にも新たな
可能性が生まれてくるというわけです。時代が変化すれば、形式的
操作の具体的な実例もまた変化する、ということでしょう。

　パパートのことばを補って説明してみましょう。これまでの文化
では、静止画を比べるように物事に名前をつけ、その内容を比較し、
解釈し、区別してきました。さらにそれらの知識を、意味によって
分類し、構造化しました。しかし、日常生活では動画を使って説明
したり、長期に継続するプランを話題にすることは少なかったので、
多様な選択肢の行き着く先を、常に思考していたわけでもありませ
ん。子どもたちは、形式的操作には慣れていなかった、使う場面が
なかったのです。

　ところが、論理の連続的な継続と展開を子どもが最後まで追えな
くても、コンピュータを使うと、形式的操作を行うことができます。
それは、コンピュータが行き着く先に何らかの結果(作品、成果)を
生み出して表示することができるからです。コンピュータを使えば
結果は素早く表示できるので、プログラムで入力した結果をリアル
タイムで具体的に表示しながら、つまりコンピュータと対話しなが
ら思考していくことができます。自分の頭ではプロセスの一部を形
式操作に取り替えただけですが、操作全体はコンピュータが完成し

てくれますから、途中の論理を考えなくても予想される結果そのものはコンピュータが見せてくれるわけです。そのため、「この部分の色を取り替えたらどうなるか」「この部分を削ったら完成品全体の見栄えはどうなるか」ということを容易に確かめることができます。

パパートの構築主義

　コンピュータを使えば、こうした早い段階で、自己の思考と活動とを形式的に操作する能力を、身に付けていくことができるということになります。このプロセスは、人間の脳の働きが拡張されることと言い直せるでしょう。

　子どもたちは、知識を学んだらそれで終わりではなく、学んだ知識を使って具体的な成果物を作りだす経験、活動を行います。実践的な活動の中で、学んだ知識を修正したり、さらに必要なことを学んだりしながら知識を再構成していくことが繰り返されます。そこで、パパートは、何かの条件がうまく合うと、全く新しい知識を作り出すことができるのではないかとも考えました。このような学びのスタイルを、パパートは、ピアジェの構成主義(constructivism)とは異なるという意味で「構築主義(constructionism)」と名付けました。ただし、この用語がはっきりするのはパパートがLOGOを創造して20年ほど後のことです。しかも、パパートは、

　　「浜辺の砂の城であろうと宇宙の理論であろうとも、一般的なものを構成することに、学習者が意識的に参加するコンテクストで、それは特別、幸運に起きる(this happens especially felicitously)という考え」(Papert 1991：1)

と書いています。なかなか難解な言い回しです。新しい論理を構築

することはそう簡単ではない、ということのようです。

　構築主義は二つの特徴を持つと、パパートは説明しています。まず、「知識構造を構築すること（building knowledge structures）」としての構成主義があります。これは、砂の城を作るのでも、宇宙の理論を創るのでも、同じことだというわけです。そこには、学習活動が暗示されています。

　これに加えて、つまり一般的な生活経験と学校教育によって個人が理解し生成していく知識構造に加えて、個人の創造的な活動経験、とりわけコンピュータが脳の活動を拡張することで、一般に想定される発達を越える道筋で知識構造が創られていくのではないかとパパートは考えたわけです。

　また、パパートと同僚のミッチェル・レズニック（Michel Resnick）も、「学習者は、ロボットであろうと、詩でも、砂の城でも、コンピュータプログラムであろうとも、学習者がそれについてリフレクションでき、他者と一緒に共有できる、外的な人工物を作ることに活動的に参加している時に、特に新しいアイデアを作り出すようである。このように、構築主義は、絡み合う二つのタイプの構成を含んでいる。すなわち、個人的に意味がある人工物を構築するというコンテクストで、知識を構成することである。」（Kafai and Resnick 1996：1）

と書いています。

　つまり、コンピュータが家庭にない時代に自然に起きてくるような、ピアジェが考えたような発達の道筋とは違って、コンピュータと対話しながら「何かを創造する」集団的な活動を通して、「個人的に意味のある」作品を思考したり、表現したりすることで構成主義の新しい可能性が開かれるというわけです。この新しい発達の可能性を構築主義と呼んで、区別したわけです。

　しかも、パパートは、ある日突然にある個人が新しい知識を構成する可能性を強調しています。言い換えれば、構築主義は、皆で一斉に同じことを学習して、皆が一斉に同じ知識に到達するという形態を前提としているのではないということです。クリエイティブな社会的環境で、集団的な創造活動をしながらも、各自がそれぞれ努力して、本人の関心と、独自のアイディアと、思いつきと、他者からのアドバイスなど様々な条件がうまく重なると、新しい知識が生み出されるというわけです。

　このように、パパートはきわめて慎重に「知識構造を構築すること」は「特別、幸運に起きる」と表現しています。学校の中で学んだ知識と自分がこれまでの経験の中で学び考えてきた知識の組み立て直しは、たとえコンピュータを使った活動的授業でもそう簡単には生まれない、必ずしも生み出されるものではないということです。

遊び・表現・プレイしながら思考する

　レズニックは、1982 年にパパートと出会い、今では、「教育研究の LEGO パパート教授（LEGO Papert Professor of Learning Research）」を名乗っています。彼は、フレーベル（Friedrich Wilhelm August Fröbel）が1937 年に世界最初の幼稚園（Kindergarten、子どもの園（その））を創設し、創造性を育てるための教育玩具を創作して幼児教育を始めた時のことを回想しています。

　フレーベル以前のほとんどの学校は、教師が教室前方の高みのある教壇に立って、子どもたちに向かって一斉に、一方的に「情報を放送する」ものだった。生徒たちは、それぞれの席に座って、先生の言葉を一語一語注意深く書き留め、それを暗唱する。これは、「教育放送アプローチ」とも呼べるもので、5 歳の子どもにはうまくい

かない。そこでフレーベルは、「新しいおもちゃをクリエイトし」た。この「構造的かつ体系的に」デザインされた教具は「恩物（おんぶつ、Gabe、the Gifts）と呼ばれた。子どもたちは、「遊び心に溢れ、想像力をかき立てる諸活動に誘い込まれ」、「世界を『再創造（re-create）』する」ことができた。（Resnick 2017：7-8、レズニック 2018：28-30）

　re-create（再創造）と recreation（余暇、ひま）との関係に着目して、フレーベルは遊びの中で学習が可能だと考えていたのだと、レズニックは見抜きます。レゴは、現代の「恩物」である、すなわちデジタル時代の「神様からの贈り物」とさえ思えたわけです。

　パパートの説明に戻りましょう。プログラムを作成してコンピュータを動かそうとする子どもは、「フォーマル（形式的）」で抽象的な能力を持っているとは一般には思えません。コンピュータを動かすソフトがあれば、この環境のおかげで、「フォーマルな過程でしか扱えなかった知識は、今では具体的に接することができる」ようになったと、パパートは言うわけです。プログラムを作成してコンピュータを動かすことによって、「子どもから大人の思考へと移行する際に克服されるべき障害」は取り除かれて、「具体的思考と抽象的思考とを隔てる境界を動かすことすら可能になるに違いない」とパパートは断言しました。つまり、コンピュータを動かすプログラミングの知識は、「フォーマルな思考をする人となるのに必要な要素を含んでいる」のである、と今から 40 年前にたどり着いたわけです。言い方を変えれば、直感的思考と論理的思考をつないでしまうということです。（Papert 1980：21、パパート 1982：29）

　とりわけ、パパートが強調したことは、コンピュータを使うプロセスの最中に、子どもたちが学ぼうとする意欲や感情が高まる点です。ピアジェは「認識面のみを論じ」ているが、自分は、「認識面を

強調したピアジェを越えて拡張され、感情面をも考慮に入れた応用
的な生成的認識論」を試みているのだと、パパートは自らを評価し
ています。(Papert 1980：vii、パパート 1982：4-5)

　パパートのことばをもう一度繰り返します。子どもたちが学ぼう
とする意欲、意思、動機があれば、どの段階にある子どもでも形式
的操作期の知能を使うことも可能で、能力発達には認知的側面と非
認知的側面との統合こそが重要である、ということをパパートは明
らかにしたわけです。

持ち運びができる安価なパソコン

　持ち運びできる超小型のパーソナルコンピュータ、いわゆるノー
トパソコン、タブレット、電子書籍の原型は、アラン・ケイ(Alan
Curtis Kay) の「ダイナブック構想」に始まります。彼は、1940 年生ま
れで、小学生の頃から大の読書家でした。コロラド大学で数学を学
びましたが、1968 年にパパートに出会い、LOGO を知り、またピ
アジェやブルーナーの構成主義を学びます。1970 年に、ゼロック
ス社のパロアルト研究所の設立にケイは加わり、その研究所で 10
年間過ごします。この時に、「ダイナブック(DynaBook)」を着想しま
す。(Key 1972、ケイ 2013) 画面とキーボードが一体となった一面画面
で、ちょうどタブレットのような形をしています。

　1985 年には、ミンスキーやパパートが関わった MIT メディアラ
ボが、ニコラス・ネグロポンテ(Nicholas Negroponte) を所長としてス
タートしました。メディアラボには、開発途上国の援助も目的とさ
れていて、パパートは 100 ドルという安価なコンピュータの開発に
熱心でした。

　この 1985 年には、東芝から IBM PC/XT 互換ラップトップ PC

T1100 が発売されます。これは、商業用の世界初のラップトップと呼ばれます。標準価格は、1,999 ドルでした。日本円に当時の換算レートでは、1 台 50 万円です。夢が実現するまで、長い長い道のりでしたが、パパートは着実に切り開いてきました。

ネグロポンテがデザインし、ケイも参加して、非営利団体 One Laptop per Child (OLPC) が開発した OLPC XO-1 は、2005 年 11 月に開催された世界情報社会サミットで発表されます。サブノート型コンピュータで、「100 ドルラップトップ」、「Children's Machine」などと呼ばれました。開発途上国の子どもたちに配布して、パパートが考えた「探究し、実験し、自己表現する」、いわゆる「構築主義的学習 (constructionist learning)」を実現しようと企画されたと評価されています。

レゴとロゴ

1983 年には、ミッチェル・レズニック (Mitchel Resnick) が MIT に着任し、スティーブ・オッコ (Steve Ocko)、ブライアン・シルバーマン (Brian Silverman) とともにパパートのグループが結成され、レゴ・ブロック (LEGO brick) とロゴ (Logo) を組み合わせた「レゴ / ロゴ結合システム」が始動します。この作戦は、「作ることで学ぶ (learning by making)」という複数の機会を子どもたちに与えることになったと、レズニックは書いています。(Resnick 2017：42、レズニック 2018：84)

1986 年に、デンマークのビルン (Billund、ビロン) を拠点とする LEGO 社は、コンピュータ制御の LEGO を開発しました。これが、現在では学習教材として世界で広く利用されるものへと発展しています。

1988 年に、LEGO グループと MIT とが協働してコンピュータ・

プログラミングを組み込んだ「知的ブロック」の製作を開始します。最初は、コンピュータとレゴブロックはケーブルでつながれていました。やがて、コンピュータはレゴブロックの中に収められるようになります。この間、数十種以上の試作品が作成されたと言われています。コンピュータを組み込んだレゴ・ブロックは、パパートの著書にちなんで、「LEGO マインドストーム」と名付けられ、製品化されました。

1998 年 1 月 に は、LEGO Group と MIT Media Lab は、「LEGO MINDSTORM（レゴマインドストーム）」コンピュータ言語と、教材セット「RCX 知能ブロック・ロボティクス」の発売をロンドンの現代美術博物館で発表しています。

子ども用のコンピュータ言語「ロゴ」は改良を重ねてきましたが、レズニックが主導する生涯幼稚園（Lifelong Kindergarten）グループは 2006 年にプログラミング学習用ソフト「スクラッチ（Scratch）」を開発しています。ウェブで自由に使うことができて、小学生でも簡単にプログラミングができ、ゲームやアニメーションまで作成できる代物です。しかも、その作品を Web 上に公開し、他人の作ったゲームを見たり、共に遊んだりすることもできるという優れものです。「スクラッチ」は、2013 年と 2019 年に新しいバージョンが公開されています。

読書とコンピュータ・ゲームの共通性

米国では、メイカーズという物づくりの職人の伝統が息づき、コンピュータと 3D プリンターをつないで新しい職人技を作りだしています。今では、3D プリンターはコンクリートの橋を造るところまで発展しており、生産活動をめぐる人間の常識が短期間に変化し

ています。

　それにしても、こんな何十年も前から子ども用コンピュータソフトが商品化されて使われているアメリカという国には驚きます。学びもまた多様化し、子どもたちが個性的に生きようとしているようです。このような能力の蓄積があったからこそ、2010年代に爆発的にIT製品が開発されたわけです。

　アメリカに比べると日本では、ゲームはあってもコンピュータとかインターネットは子どもからずっと遠ざけられてきました。まず、コンピュータは人間の思考を拡張し、豊かにするということを日本の教育関係者たちが理解するところから始めなくてはならない現状にあります。

マナビの発想を変える、学びの環境を作る

　教育学は「人間はどう育つべきか」を考えます。すると、ついつい、できないところに目が行ってしまいます。

　人工知能の研究者たちは、機械は「最低限何ができたらいいのか」と問いながら、まずできることに目を向けました。

　この違いに、いまさらながら面白いものだと感心しているのです。というのも、3年前に孫が生まれて、「できた、できた」「じょうず、じょうず」と誉めまくり、手をたたいて筆者は喜びました。と同時に、子育てをした35年前の記憶が甦ってきたからです。あの時もそうしたなぁ、と。

　学校教育のカリキュラムにはあれもこれもどんどん内容が増えてきて、親も子も教師もまた悲鳴を上げていると思います。しかし、文化・文明が進んできたのに、人類の格差は拡大し、地球環境は後戻りできない危機にさしかかっているとさえ言われているのは、

ちょっと変です。学校が教えてきたこと、私たちが学校で学んできたことは、的外れだったのでしょうか。

　人工知能研究所をアメリカのマサチューセッツ工科大学に立ち上げたミンスキーという研究者がいます。彼は、人間の精神の成り立ちについて、心理学の方面から探究し認知科学を作り上げようとしてきました。

　最近、ミンスキーのことばを使って彼の研究を上手に説明する解説書が、同僚のソロモンたちの手で執筆されています。その中に、「心理学の代わりにサイバネティクスを教えよう」と名付けられた一節があります。

　　「私たちの心理学諸観念はあまりにも急速に発展しており、ある特定の『思考理論』を選んで教えようとするには無理があると言える。そこで、『子どもたちが、自分たちに関する、自分自身の理論を発明できるような観念を提供する』という代案を提起したい。」(強調は原著者) (Minsky 2019：140、Minsky 2020：182)

としています。「観念 (idea)」とは、物事や心の様子をイメージやことばでとらえようとしたものです。重さ、長さ、速さ、自由、平等、博愛といったもろもろの言葉や、楽譜に表現される音、数字で表現される量も観念です。不平等を当たり前にしている社会には平等という観念はなく、助け合う人間関係を経験していない人には信頼とか愛という言葉はうつろなものに響くでしょう。学問や研究によって社会的に定義づけられた観念を「概念 (concept)」と呼びます。

自分に関する自分の理論を作り出す

　「心理学諸観念があまりにも急速に発展しており」とは、行動主義からピアジェの構成主義(構造主義)、ヴィゴツキー (Lev Semenovich

Vygotsky）の社会構成主義へと移行し、欧米の心理学研究が1970年代と1980年代の間に一変してしまったことを述べています。

　ですが、一番肝心な点は、人間一人ひとりが「自分に関する自分の理論を作りだす」ことであり、それを可能にすることが研究なのだとミンスキーが考えていたことです。学者や研究者、教科書の執筆者が正しいと考えたことを、教師がそのまま正しいとして教え込むというような教育を、人工知能の開発者が考えていたわけではありません。赤ちゃんだって考えています。子どもだって考えています。ところが、人工知能の開発者は、まったく考えようともしない機械に考えさせようとしたわけですから、とてつもない苦難の道を通り抜けたということになります。

　ではサイバネティクスを教えると、どうして子どもは「自分に関する自分の理論を作りだす」ことができる「観念」を身に付けることになるのでしょうか。そのためには、

　　「『生物のような』振る舞いをする機械を子どもたちが作るなど
　　のプロジェクトに参加させることから、そのような観念がもた
　　らされるに違いない」（Minsky 2019：140、Minsky 2020：182）

ということを示したい、とミンスキーは語ったそうです。外から教えるのでは、機械は考えるようにはなれない。自分から考え、その考えを使ってさらに高度なことを考え、どんどん自分を創造していく仕組み、それを機械の内部に作りだすことだと、ミンスキーは思いついたわけです。まさに機械に「生成的認識論」を学ばせようというのですから、科学者たちのピグマリオン（生命の宿った創造物）です。

　このような発想は、心理学者のピアジェが「生成的認識論」として人間の中に発見していた仕組みでした。ミンスキーは、同僚となったパパートを通じてそのことを知ったと回想し、感謝しています。ミンスキーは、

　　「今日では、哲学、生物学、数学とか、社会科、心理学、経済
　　学とかと分離して取り扱われている多くの概念を、かつまた
　　これらどの伝統的教科にもうまく収まらない諸重要原理を、そ
　　れらのプロジェクトがつなぎ合わせ、統合するだろう。」(Minsky
　　2019：140、Minsky 2020：182)

と考えたのだと紹介されています。教科に分けられてしまっている
観念や、どの教科にも属さない重要原理を探し出して「自分に関す
る自分の理論を作りだす」、つまり自分を知り、自分の生き方を定
める学びが必要だと、人工知能の研究者たちはたどり着いたわけで
す。

　「人間は考えるからこそロボットとは違うんだ」、と筆者は、けな
げにずっと思い込んできました。しかし科学技術の発達は、AI と
いう考える機械を作りだしてしまったのです。「AI に負けない子ど
もを育てよう」と言っている大人がいますが、AI に負けたら人間は
一体どうなるのでしょうか、AI に負ける子どもは人間になれない
のでしょうか、そんなこと考え始めたら夜も眠れなくなりますね。
少なくとも言えることは、「AI に使われる人間になるな。使う人間
になれ」ということです。

　さあそれくらいの時代に生きているのですから、これまで人類が
経験していない新しい学びに踏み出してみましょう。

第4章 コンピュータに使われる人間よりも使う　人間になろう

インターネットの始まりは

　1960 年代に、ソビエトの核攻撃に備えて情報伝達が分断されないように米国国防総省が、アーパネット（ARPANET 高等研究計画局ネットワークネットワーク）を構想し、1990 年まで管理・使用していたことに始まります。電話線のように発信局と受信局を回線で結んで通信するのではなく、情報をパケットに小分けしてその都度、ネットワークのうち通信可能な回線をつないで情報のやりとりをします。最初は、カリフォルニアの大学、やがて英国やドイツの大学も参加します。後に、1970 年代末から 80 年代前半にかけて企業や一般人も参加できるようになりました。

　1982 年には、インターネットという言葉が生まれます。また、1989 年に欧州原子核研究機構（CERN）の職員によって発明されたウェブ（World Wide Web: WWW）は、1991 年からは世界規模で使用されるようになりました。この間に、1989 年のベルリンの壁の崩壊と冷戦終結、1991 年末のソビエト連邦の崩壊とソ連の脅威の消滅があります。1995 年からは、米国政府、つまり軍からの規制が外されることになりました。軍事情報ネットワークを開放したことが決定的だったわけです。マイクロソフトの Windows95 が発売されたのは、そんな歴史の末のことでした。クリントン政権は、「デジ

タルエコノミー」政策を 1998 年に掲げることになります。さらに、2004 年 12 月には、「イノベート・アメリカ」という考えが民間企業から発せられました。

　もうお気づきかと思いますが、軍事とか原子力とかが関連してきたことから推測しても、一般人から見えない情報が飛び交っているわけです。ネット通販は大きな利益を上げますから、客の情報を集め、商品を勧誘するために都合のよい情報を一方的に配信してきます。「事実を正確に表現する情報」だけが交信されているわけでもなく、「必要な情報」が探せるとは限りません。

　オンラインリテラシーの最大のメリットは情報交流のスピードです。しかし、最大のデメリットは、受け取った情報の検証可能性が保証されていないことです。問題は、交流する情報の中身なのです。

知識は誰が作るのか

　「母語 (Mother Tongue) という言葉は、11 世紀まで現れない」と、米国の思想史の研究者バリー・サンダース (Barry Sanders) が書いています。

　修道院の外で一般の信徒が話していたのは、「人々のことば (*sermo vulgaris*. people's language)」と呼ばれていた土地ことばでした。これを、イタリア北部にあるゴリツィア (Gorizia) の修道士たちが、「土地ことばを、修道士の言う汚辱と堕落から守る方法として」

　　「処女マリアの普遍的母性の高遠な世界へと、そして教会の象
　　　徴的母性へと」(Sanders 1994：115-116、サンダース 1998：144)
引き上げようとしたものだというのです。サンダースは、「かつては女性の領域だった口承世界 (orality)」が、

　　「『浄化』され、規則付けられたバージョンの口承世界を教える

ことになる、男性のコントロールにと、今や移されることになった」(Sanders 1994：68-69、サンダース 1998：145)

と判断します。聖書の言葉であるラテン語と、人間が使う「教えられた母語(Taught Mother Tongue)」とに分けて言語が整理されたということになります。

　これは、十字軍が出発する直前のことでした。この母語という解釈が 14、15 世紀にはさまざまな土地に広がった用語です。

　さらに、この母語を国が管理すべきだという考えが、コロンブスがアメリカを発見したとされる 1492 年に起きてきたようです。スペイン人のアントニオ・ネブリハ(Antonio de Nebrija)が、著書『カスティリャ語文法(Gramática Castellana)』をイザベラ女王(Queen, Isabel la Católica)に献上したのです。カスティリャ語を、ギリシャ語やラテン語のように文法を用いる言語に仕上げ、それを「分け与え」て、「辺境の土地ことばを話す多数の蛮人たちにくびきをおかけになるように」と、ネブリハは進言したというのです。(Illich and Sanders 1988：68-69、イリイチ & サンダース 2008：89)

　こうして、母語が、土地ことばから学校ことばになっていきます。すると、子どもたちは、母乳を飲むように土地ことばの中で育つのではなく、「家庭の外で、専門家によって管理される教え込みに実質的に依存する世界の中に入っていく」「そして彼らは完全に学校に依存している」(Sanders 1994：118、サンダース 1998：147) という状態が生まれてくる、とサンダースは分析します。

　19 世紀には国民国家と呼ばれる、一民族一言語一国家という幻想の近代国家体制が出来上がります。母語が学校の教授言語となりますが、そこで教えられる知識はオフィシャルなものとして行政によって管理されます。国民の形成は、主権国家には死活条件でした。

教育を現実の世界に取り戻す

　サンダースは、「読み書き（reading and writing）」とリテラシー（literacy、識字）とには「決定的な違い」があるのであって、これらを分けて考えるべきだと主張しています。

　彼は、読み書きとは、「自己の認知的発達から切り離し得ないものとして理解すること」であり、「人間を全く違う存在、つまり自分自身について絶えず発見し続ける能力を持った人間へと変える活動」であり、「書かれた文章でもまた話された文章のなかでも、および自己のなかに、絶えず驚きを見出していく活動」であるととらえています。（Sanders 1994：200、サンダース 1998：250-251）

　他方、リテラシーとは、「外的に測定可能なスキル・セット、つまり専門家によって定量化しパッケージ化し伝達されうる商品として理解すること」であり、「読解力のレベル、理解率など、統計で測ること」なのだと、サンダースは考えています。

　問題は、1990年代から技術革新が急速で、学校や大学が教えている知識・技能と生産や社会運営に使われる知識・技能との隔たりがあまりに大きくなってしまったことです。

　1991年に米国の大学教育に取り入れられたアクティブ・ラーニングとか、問題解決学習という活動的な授業は、学ぶ者の声を取り返そうとする試みであるとも解釈できます。

　OECDが、学校のカリキュラムに拘束されない「教科横断的コンピテンシー」を測定しようとして、国際生徒調査PISAを開始したのは2000年のことです。

　学校を飛び出して、コンピュータ・ネットワークの上で多様な人々と結びつきながら学ぶオンライン学習が成果を作り出してくるのもこの頃です。

　パパートは、1996年に次のようなことを書いて、文化的な環境があれば、子どもたちは自分のしたいことをして、考えて、出来る限りの力を出して生きていくもので、これこそが学習だと表現しています。

> 「われわれは、文化のなかで生活すること（そして考えること）によって、とてもうまく学習している。すべての子どもが、うまくいっていて……落第もない。『僕は苦手なんだ』と言わされるような、悪感情を抱くことは誰にもない。私が研究と洞察で知ったことすべてが、この家庭スタイルの学習（『自然学習』とか『ピアジェ式学習』と呼ばれることもある）は、語られることによる学習、あるいは学校スタイルの学習よりはすぐれていると、私に告げているのだ。」(Papert 1996：41-42)

パパート自身がこう言うわけですから、「一方的に教師が語る授業」をオンラインで流すだけというのは、コンピュータの使い方としてはもったいないことです。

コンピュータは頭脳の延長

　計算機科学者で筑波大学の研究者落合陽一は、小学生の時にパソコンを買ってもらい、一人でマニュアルを読んで、時にはメーカーに直接電話して質問しながらコンピュータを使っていたそうです。彼は、学校で教えられるような明示的な知識よりも、経験の中で自分が「こうだろう」と考えてつかんだ暗示的な知識、いわゆる暗黙知こそを人間は大切にすべきだと主張しています。

　まず、彼は、コンピュータが人間の能力開発にまったく新しい時代を拓きつつあると実感をもって述べています。このことは、古い学びをしてきた大人たちにはほとんど理解できません。小学生の頃

からおもちゃのようにパソコンを使ってきた彼だからこそわかることのようです。

　「コンピュータは僕にとって、自然に接続された第二の身体であり、頭脳であり、そして表現のカンバスであり、また重要な研究対象になっています」(落合陽一 2016：12)

　さらに刺激的に、

　「現在の小中学生が社会に出るころには、現在とはまったく違う世の中が訪れているはずです」

とも言っています。それなのに、

　「親の世代が、いまコンピュータやインターネットのもたらす技術的変化や文化的変化によって具体的になにが起こるのか、それがどういう意味を持つのかを理解していません。そのため多くの親が、子供に見当違いの教育を与えているような気がします」(落合陽一 2016：26-27)

とも指摘しています。何しろ、今の日本では「AI に負けない子どもを育てよう」と題する本が発売されているくらいですから。

　落合陽一によれば、かつてコンピュータが何らかの図形を認識するときには、注目すべき特徴を人間が指定していました。それが、2012 年に、グーグル社が開発したプログラムは「猫」の概念を自ら学習したそうです。

　「確かにディープラーニングをはじめとする深層学習的な人工知能技術は 2012 年を境に世界をガラリと変えました」(落合陽一 2016：23)

　ここまで来ると、人間にできることは二つあると彼は考えます。一つは、「処理能力のスピードや正確さで勝負する分野では、人間はコンピュータに太刀打ちできない」(落合陽一 2016：31)ので、コンピュータにできることはコンピュータを使うことにする。そのため

に、「自分の考えをロジカルに説明して、ロジカルにシステムを作る能力」(落合陽一 2016：29)が重要になる、という指摘です。

　もう一つは、IT にできない価値を人間が持つこと。それを、落合陽一は、

　　「自分にとって価値のある……そのためのリソースは人間の脳みその中、もしくは、いままで育んできた教育の中にしかありません。誰にでも作り出せる情報の中には、価値のあるリソースはない。その人にしかわからない『暗黙知』や『専門知識』にこそリソースとしての値打ちがあります。それをどれだけ資本として取り込むことができるか。IT 世界では、そこが勝負になるのです。」(落合陽一 2016：73)

と言っています。

農民には教育は要らない

　『エミール』という教育論のなかで、ジャン・ジャック・ルソー(Jean-Jacques Rousseau)は、農民には教育は必要ないと書いています。「貧乏人は教育する必要はない。……貧乏人は自分の力で人間になることができる」(ルソー 1962：59)というわけです。18 世紀末のフランスでは、貧者と呼ばれる農民が人口の 4 分の 3 を占めていたようです。農民に必要な知識や能力は、生活や労働を経験するプロセスで習得するものでした。

　フランス革命期を経て、フランスでは学校教育を宗教から切り離して、教育内容を客観的知識とみなされる「世俗的なもの」に限定しました。具体的にいえば、学問の世界、科学的な知識、アカデミックな教科の知識のことでした。生活のなかで、科学的・学問的な手続きを踏まないで創られた知識は、学校で教えられないばかり

か、民衆の知恵とか迷信として軽視されるようになりました。

ソビエトの心理学者ヴィゴツキーは、1930年あたりに、生活の
なかで身に付けた知識を「生活的概念」と呼び、学校で教える「科学
的概念」とともに重視しました。まず、「科学的概念」を学ぶときに、
体験した「生活的概念」があれば、実感を持ってすんなりと理解で
きます。

ヴィゴツキーは、「科学的概念」も「生活的概念」も個人のなかで
は共に発達すると考えました。学校教育で教えられる「科学的知識」
の方が正しくて、「生活的概念」に克服されてしまうとは単純に考
えなかったようです。このことは、地動説を学校で習って理解して
いるとしても、「太陽は東から出て西に沈む」という感覚で生きて
いることでも分かります。

「生活的概念」は、科学で証明されてはいませんが、漢方薬とかハ
リ治療のように「どうもこうなっているようだ」というように、直
感と呼べる関係把握をする人間の知恵です。最近では「暗黙知 (tacit
knowledge)」という名でクリエイティビティのリソースとして注目さ
れています。

科学と学問の違い

知識の見取り図を、**図4-1**のように書いてみました。

暗黙知とは、暗示知 (implicit knowledge) とも呼び、はっきり言葉や
記号で定義できない知識を指します。暗黙知は、個人的な経験に基
づいた、身体的な感覚を伴う、言わば体から離れられない属人的
(パーソナル) な知識のことです。それは、感情、価値観、身体的感
覚を伴った、未だに合理的に説明されていない、つまり非合理な部
分を含んだ知識です。伝統的な学校教育においては、このような知

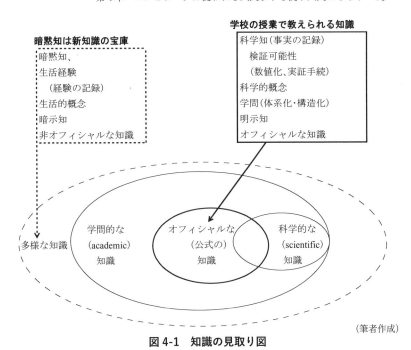

図 4-1　知識の見取り図

（筆者作成）

識は個人的なもので、教育的な価値がないものとして軽視されてきました。一言で言えば「正しい知識」ではないと見るのです。

　しかし、暗黙知は、多様な意味が入り交じり、分け隔て難くたくさんの要素が絡み合ったもので、直感的に全体像の認識を可能にします。心の痛みや喜びの感情など、人間関係が作る共感する能力も暗黙知の形成に関わります。ですから、でまかせで信用できない知識というわけではなく、信頼関係とか信用という実は高度な認識を表現している知識にもなり得ます。自分だけしか知らない知識なので、他人に正確には伝えられないものなのです。

　これらの特徴ある知識について、落合陽一は、

　　「情報がシェアされる時代に自分の価値を高めるには、簡単にはシェアできない、そしてイメージすることのできない暗黙

　知を自分の中に深く彫り込んでいくしかありません。」(落合陽一
　2016：104)

とも、言い直しています。

　教科書と時間割とテストという方法で、学校が設立されて以来続
いている伝統的な学びを「近代の学び」と呼ぶならば、現代の学び
はこれとは異ならざるを得なくなると、落合陽一は断言します。「自
ら問題を設定し、自ら考え続け、自ら解決できる」能力こそが求め
られることになるからであるというわけです。彼の説明では、

　　「この"自ら"というのは、とても重要なキーワードです。それ
　　は近代教育の目指す標準化や均一化とは対をなす概念であり、
　　人の"多様性"があって初めて"自ら"という発想が浮上してく
　　るのです。」(落合陽一 2018：200)
　　「〈脱・近代〉とは〈多様性〉の時代でもあります。そして、〈多
　　様性〉を支えるために、人は学び続けなければならない。……
　　答えのない問いを立てながら、常に自分を内省し続けられる人
　　が常に伸び続け、学び続けることのできる人材なのではないで
　　しょうか。」(落合陽一 2018：200)

ということになるのです。

オフィシャルな（公式の）知識

　これまでの学校教育は、国民教育とも言われたように、日本国民
（日本人）を育成するための教育でした。多くの親は、それでよいと
考えてきました。日本全体が豊かになったのは、これまでの学校教
育の成果です。自給自足の農業国から商品生産する産業国への転換
という日本の歴史は、非ヨーロッパの民族でも、あえて言えば「白
人でなくても」経済発展が可能だということを実際にアピールしま

した。

　正解と見なされる権威ある知識、いわゆるオフィシャルな(official、公式の、形式的)知識が、国民形成の要素として重視されました。国民国家の時代には、国民像は国単位で決定され、国が定めた言語で教育されてきました。ところが、現代社会では、オフィシャルな知識を持っているだけではその仕事はコンピュータやロボットに変わってしまいます。または、賃金の安い国に流出してしまいます。

　誰もが知っている知識は特別な経済的価値はない、というのが現代の経済界では当然視されているわけです。知識が資本となる時代には米国に「知識経済」という概念が 1968 年に出現しましたが、さらに IT 化した現代世界では、暗黙知をも取り込んだ「知識基盤経済」(1996 年)という概念に変化しています。知識や技能をどう使うか、新しい知識をどう創造するかという時代に入ってきたわけです。

　これはやっかいな話です。人間を育てることを教育目標とした時代には、普通のことを普通にできればよいとする教育でした。「一人前」を育てるとも言いました。多くの人々の生活が似通っていて、ことばの意味が共有されていたからです。ちょうど、ルソーの『エミール』に出てくる貧民・農民がそうでした。

　産業社会では、高い知識や技能を持った人間が、有能な人間として認められるようになりました。今まで、誰もが知るべきと定められた明示的な知識をどれだけ多く覚えてテストで高得点をとるかどうかで人間の価値が決められてきたのも、そのためです。

　現代はさらに進んで、自分だけしか知らない知識、自分が考え出した知識を他人にわかるように言語化して伝えたり、コンピュータを使って作品を作りだしたりしていく能力が貴重な価値あるものとして評価される社会になったのです。誰もが知っている知識は、AI が覚えて、人間よりも早く正確に応用するからです。

　個性的な能力を、AI の方が高く評価してくれるかも知れません。「それ面白いですね」と AI に言わせられたら、しめたものですね。たとえ少数になっても、「それよくないよ。止めようよ」と言えれば、貴重な存在なのです。コンピュータに使われるのではなく、コンピュータを使える人間が有能だと考えられるようになりつつある、そんな時代に突入しています。もし可能なら、誰もが「My AI」を持って、ネット社会に埋没しないように支援してくれるなら、と思っています。

第5章　読書脳はじっくり考える

読書とは

　冒頭にも書きましたが、「読書」は、書物を用いて学ぶだけでなく、言語（言葉、ことば）を使って考え、探究し、自分の考えを作り出しながら言語で表現するという広い活動を指すものです。「読書能力」のことを、英語では reading literacy と呼び、日本語では「読解力」と訳していますが、それには留まりません。「読書」とは、読むだけではなく、コミュニケーションしたり文を書きながら言語や記号を道具として思考し、言語や記号だけでなく思考表現を成果として創り出す、創作活動のすべてに広がります。したがって、「読解」はただ本を読むことではなく、ディベートやグループ活動などの探究活動も含むものとして考えるべきものなのです。そして、探究やリフレクションの末に頭の中にできあがるのは、「概念」です。

　ところが、日本には「素読」という伝統があり、内容の理解は二の次にしてとにかく文字を音や声に出して読み上げることを指します。そこで、「本を読む」とか、「読書」といえば、内容理解の深まりはそれほど問題にされてきませんでした。

　「読書百編義自ら見る」「読書百遍意自ら通ず」とも言い伝えられ、繰り返し繰り返し熟読することで、意味は自然とわかってくるとい

うのも、日本人の学び方でした。この場合には、大いなる誤解もま
た生まれてくるのは必定です。

文字を読む人はごく少数

　文字を読む脳は、6000年昔に誕生したようです。

　しかし、有名な思想家のルソーは、「わたしは書物はきらいだ。
書物は知りもしないことについて語ることを教えるだけだ」（ルソー
1962：325）とみなしていました。そこで、幼い子どもには「本はよく
ない」と考えたようです。

　子どもの成長にとって、デジタルの世界が今日問題になっていま
すが、読書の世界もまたバーチャルな世界のことなのです。そこで、
リアルな世界とバーチャルな世界をどうやってつなぐかが、一人の
人間として成長するためには大問題になります。

　ルソーは自然の中で、体を動かして人間の感性を研ぎ澄まして、
実感を伴った言葉の理解を得るような生活体験を作り出さないと、
子どもの成長によくないと考えました。その後で、実感を伴って言
葉が理解できるようになれば、また、理性が養われて判断が付くよ
うになれば本もよいと考えたわけです。

　スマホやパソコンのゲームでも、バーチャルな世界ですが、登場
人物を動かしたり、そのことでゲームの勝敗を動かしたり、自分で
筋書きを創ったりと、どうすればどうなると考えて、上手くいった
というような「自己選択や自己創造」はリアルな世界であり、実感
も得られます。体と頭を動かす体験には違いありません。この体験
は、読書よりも容易に得られて、刺激的です。

　作家が創作した表現をそのまま読んでいるだけの読書では、自分
にとってはバーチャルな世界のままの話にすぎません。自分の頭の

中に疑問が起きたり、初めての世界を知って感動したり、主人公の行動に自分を重ねてわくわく、ドキドキしたり、ああすればもっといい、これからはこうすればいいのではないかと考えて、ようやく読者はリアルな世界を作り出せます。少なくとも頭は動かす体験になります。

　短期に直接的な刺激を得るには、ゲームの方が勝ります。しかし、複雑な筋を理解して、心の悩みを登場人物と共有し、本の筋から自分の人生における問題解決の展望をより確信し、現実的に自分の生活を変えていくというような、大きく長い刺激を得るには、読書の方が勝ります。本はそれだけ複雑な問題を描けるからです。

書物の始まり

　紀元前100年頃に、『史記』という有名な歴史書を書き著した司馬遷は、「太史公」（太史令）という史官を務める家系に生まれました。天文、暦法、占星に関する書物や、歴史記録の保管・整備に携わる特別な地位にある職務です。その頃の書物は、時の王朝の支配を正当化するように記録するもので、宮廷の図書館に秘蔵してありました。

　古代ローマの時代には、演説の原稿は心の中に書きとどめられ、必要な時にそれが読み上げられるというようなものでした。

　ギリシャ語表記は、フェニキア文字を借りてきて作られています。アルファベットを用いた文字の読み書きが定着したのは紀元前400年頃の頃だと言われています。表音文字のアルファベットに綴ることで言葉（単語、word）が定着しました。それ以前は、人によって、またその時々で違う音声で表現されていたことでしょう。

　ことば（発話、speech; utterance）は複数の言葉のつながりです。文は、

一定のルール（文法）に沿って単語を並べたものの一区切りです。文
の集まりが文章です。

　言葉としては分けられているのに、書く段階になると、複数の単
語も文もつなげて記述されました。ヨーロッパで普及した書物の始
まりは、羊皮紙に書かれた『聖書』でした。

　しかし、米国の思想史の研究者サンダースは「七世紀以前には、
黙読は不可能なことだった」（Sanders 1994：133、サンダース 1998：165）と
言っています。なぜなら、アルファベットは一行分がすべてつな
がった「連続した文字列」となって手書きされていたので、一列ご
と声に出してゆっくり読まないと、単語を識別できなかったからで
す。ラテン語を筆記したのはローマ字ですが、ローマ時代から「続
け書き筆記体」で記録されてきたのです。

始まりの読書

　したがって、中世の修道士たちは、羊皮紙の重い大型本を机の上
に開き、一行ずつ覚えて、口ずさみながら部屋の中を歩き回ったよ
うです。文字を見るだけで意味が分かるはずはありません。何しろ
書いてあるのは神様の言葉ですから、よくよく考えないと理解でき
ないはずです。そこで、自分の心の中に意味が浮かぶまで、音読を
繰り返したようです。

　神の教えがそのまま心の中に浮かぶとは、書かれた文字列が「自
己が存する場所である内的空間」へと移り、意味をもった「内化さ
れたテクスト」（Sanders 1994：128、サンダース 1998：158）となる、とサ
ンダースは考えます。「このテクストこそ、投射されたものを読み
手が獲得したもの、すなわち内化された表現（internalized *gesture*）」（Sanders
1994：133、サンダース 1998：164）であり、「リテラシーのある人もない

人も同様に、テクストを内化するのであり、またその内化したテクストの上に自分の人生の物語を刻み込む」(Sanders 1994：133、サンダース 1998：165)ことであると、サンダースは説明します。

　文字の読み書きというリテラシーがなくても、話し言葉であっても、心の中に意味の世界を作ることがリテラシーなのだというわけです。

生き方を問う読書

　思想史家のイワン・イリッチ (Ivan Illich) は、1150年頃に読書技術が変化し一大展開すると考えています。その境目に、1128年に『学習論』を著したサンヴィクトルのユーグ (Hugh of Saint Victor) を置きます。

　ユーグは、「学習」することは「読書」することだと考えていました。というのも、修道士たちは、およそ七歳で入門してきたようですから、基礎教育を始めるようなものです。

　イリッチは、ラテン語の「読む (legere)」の語源は、「摘む」「束ねる」「収穫する」「集める」といった肉体労働を意味していたと指摘します (Illich 1993：58、イリッチ 1995：56)。

　もし、ユーグが読もうとすれば、「薪を探す行為に似て」、まずアルファベットの連なりからひとまとまりの文字列を摘まみ出してきて、一語ずつに束ねる作業を脳がすることになるわけです。

　この当時は、「信仰の光 (light of faith)」に照らされた神学としての読書が続けられていました。

　　「理性と道理にかなったこの世界を理解する時、読書する人は神の言葉の権威とその光 (信仰の光、lumen fidei)」に従う」(Illich 1993：63、イリッチ 1995：62)

と、イリッチは説明しています。

　ユーグは、読書する人に対して、「おのれ自身をページから放射される光にさらすように」することを求めました。それは、「汝自身を知るために (*ut agnoscat seipsum*)」「自我を確立し、自己自身を知るために」なるというのです (Illich 1993：21、イリッチ 1995：16)。

　ユーグは、

> 「ページを輝かせる知恵の光の中で、読書する人の自我は灯をともす。そして、その光の中で、おのれ自身を認識するのである (in its light the reader will recognize himself)。」

と指摘していると、イリッチは紹介します。

　イリッチの指摘では、「自我 (self)」あるいは「個人 (individual)」という言葉は、12 世紀の大きな発見の一つで、それまでの哲学者や教父たちは「人格 (person、個人)」に相当する概念を持たなかったといいます (Illich 1993：22、イリッチ 1995：16)。

　自己の発見について、サンダースは「リテラシーの結果として歴史に表れてきた自己」と呼んでいます (Sanders 1994：xi-xii、サンダース 1998：ii)。

　こうして、読書することで自分の考えを確認し、自分の居場所を見つけたとも言えます。

　同時にまた、12 世紀には、単語と単語の間に間隔をあけて記述する「分かち書き」、ページごとの行数の割り付け、ページが決まると索引が可能になったようです。単語の意味を理解しなくても、本が読めるように工夫されたのです。

知識を探す読書の始まり

　イリッチによりますと、英語の「読む (to read)」は、語源は「忠告を

与える」「とりまとめる」「熟読し解釈する」ことだったそうです。(Illich 1993：58、イリッチ 1995：56)

　13世紀に入ると、「信仰の光」に照らされてではなく、読者が「理性の光」を照射して読み取るという新しい読書が現れてきます。

　　「哲学においては理性が事物に光り（理性の光）を投げかけ、事
　　物を存在たらしめた道理を手探りする」(Illich 1993：63、イリッチ
　　1995：62)

とイリッチは指摘します。

　1128年に書かれたのユーグの『学習論』では、まだ二つに分裂していませんでした。しかし、ユーグは、「知恵に向かう前進」以外の目的を持つ読書、「隠れた目的を持って行われる読書」を批判していますから、世間ではすでに分裂が始まっていたと推測されます。

　ユーグにとっては、分裂よりはむしろ、修道院で行われる「聖なる読書」の二つの要素としてとらえられています。一方は、「巡礼の旅」に例えられるような「活動的に読むこと (the strenuous *lectio*)」です。他方は、「行きつ戻りつする散歩」に例えられるような「ひまの中の瞑想 (the leisurely *meditatio*)」です (Illich 1993：63、イリッチ 1995：62)。

　修道院では、混乱した世間の動乱から身を引いて「知恵を探究する」ことができる「ひま」があります。

　一つの「同じひま (the same *otium*)」の中で「読者」は「信仰の光」と「理性の光」という二つの光に照らされて「一つの同じ学習 (one and same *studium*)」をする。「学習」の始まりが「読書すること」で、その「仕上げ (*consummatio*)」が「瞑想 (*meditatio*)」なのであるとユーグは考えたようです。

　　「被創造物について学ぶことは、われわれに創造主を探し出す
　　ことを教える。この時、この創造主が魂に知識を備え付ける。
　　そして魂は喜びで満たされ、瞑想は至上の歓喜となるであろ

う。」(Illich 1993：63、イリッチ 1995：63)

このようにユーグは『学習論』で述べています。

　この世の中はどうなっているのか、それを読書によって探究すると、神の教えが「わかったぞ」と読み取れる瞬間がやって来て、自分が考えてきて理解できたものが知識として自分のなかに実装される、ということなのでしょう。

読書の分裂

　ユーグの同時代人、サン・ティエリーのウィリアム (Willam of St. Thierry) は、ユーグとは異なった見解を持っていたとイリッチは述べています。

　ウィリアムは、「自分の経験を著者のそれに同化させながら情愛 (*affechtus*) を込めて行う読書」と「事実に則した知識を増やす目的のために行われる読書」とを区別していたそうです (Illich 1993：64、イリッチ 1995：63-64)。

　「読むことの学び (*studium legendi*)」は、読者のうち圧倒的多数を占めた「修養を積んだ読者」の生活様式でした。それは、聖書を読み、神の言葉を心の中で聞き取る修行だったからです。今では、「『精神的読書』と呼ばれる一つの特別な禁欲的実践」と見なされていると、イリッチは指摘しています (Illich 1993：64、イリッチ 1995：105)。

　こうして、ユーグの死後の13世紀に、読書は分裂しました。本には、
　　「話しことばの記録から思想の記録へ、知恵の記録から知識の記録へ、過去から受け継がれた権威から手軽に使用できるように型通りに作られた『知識』の倉庫へ」(Illich 1993：64、イリッチ 1995：65)
という変化が起きていたからです。

　ユーグは、机の上に羊皮紙でできた本を広げて、学生たちに語りかけました。1世紀後のトマス・アクイナス(Thomas Aquinas)は、自分が綴った講義ノートを開いて授業をしたようです。そして、13世紀末までには、大学では教授が講義し、学生がそのことばを筆記しました。学生は、筆記した文章を教授の講義として読み返しながら、意味を理解しようとしました。14世紀末までには、大学の授業は、教授による講義の口述と、学生による口述筆記で出来上がっていました。

　筆記者が、分かち書きを用い、段落に区切って記述していけば、「修養を積んだ読者」でなくても、深い読みができない印刷職人であっても読書が容易になりました。これが、新しい読書が生まれた第一の理由です。

　第二に、ページが確定し、索引が付けられると、読書したい本や読むべきページを選べるようになります。章立てもあれば、読者が知りたいテーマに沿ってどこから読み始めてもよくなります。悟りを開くことよりも、知識を増やす目的で読書をすることが可能になったことです。

　第三に、12世紀半ばから12世紀末にかけて、ボローニャから始まり、パリ大学など、中世の大学が各地に設立されます。13世紀には、大学は、十字軍が持ち帰ったアラビアに保存されていたたくさんの書物を翻訳する基地になりました。なにしろ、当時のアラビアの学問は、ヨーロッパよりはるかに程度が高いものでした。そこで、学者たちは一つひとつの言葉の意味を理解しながら、同じ意味のラテン語の言葉に「写して」いったのです。こうして、ラテン語は学問の言語となりました。

　大学の学生たちが、知識を増やすために読書するようになり、修道院における読書とは異なる読書が広まることになりました。知識

を求める、新しい読書が成立したのです。

　しかし、本当に正しく、アラビア語からラテン語に言葉の持つ意味は「移された」のでしょうか。また、ラテン語を読んで知識を学習した学生たちの心(精神)の中に、本当に正しく、言葉の意味は理解され、納得されたのでしょうか。つまり、新しい読書は、著者の意図と読者の理解とを照合する作業を、それほど重視しなくなってしまうものになりました。

　さらに、13世紀には、ローマ字が、ラテン語以外のゲルマン語、ロマンス語、イタリア語を表記するようになります。ヨーロッパの話しことば、いわゆる土地ことばがやっと文字(ローマ字)で記録されることも意味します。アルファベットが各種の言葉を記述するようになると、そこに民族の言語が生まれてきます。ただし、中世の大学の授業は、ラテン語、もしくはギリシャ語が使われていました。

多数への読書の普及

　1450年頃ですが、ヨハネス・グーテンベルク(Johannes Gutenberg)が活字印刷を実用化します。この技術を使って、ラテン語から翻訳されたドイツ語版聖書が印刷されます。しかし、マルチン・ルター(Martin Luther)はこれを否定し、ヘブライ語から旧約聖書を、ギリシャ語から新約聖書をドイツ語に訳します。彼の完訳版は、1534年に刊行されました。

　プロテスタントと呼ばれるキリスト教新教徒は、自ら聖書を読むことを本意としていましたので、聖書が読めるような読解リテラシーを教えるために、ルターは義務教育を唱えました。宗教改革を期に、国民教育が構想され、一部で実現したことは確かです。

　本として印刷された文字のうち、表紙や索引などを除いた本文を

テクスト (text) と呼ぶようになりました。そこには、大学で記述された「新しい学問的で科学的な世界観」(Illich 1993：115、イリッチ 1995：127) が文章になって印刷されていますが、それはもはや、教授や学生が意味を理解して綴った文章というよりは、一般の者には「文字に表されているが、触れることのできない」テクストなのです。

　宗教以外の知識を教える教科書の始まりは、コメニウス (Comenius) 著『世界図絵』(1658 年) と言われています。

　国民誰もが文字の読み書きを身に付け、読書できるようになるのは、19 世紀になって国民教育制度が出来上がった後のことになります。誰もが読書するという文化は、西欧諸国でもせいぜい 150 年という歴史です。

　ここでお気づきかと思いますが、一般の人々に読書が普及するのは、人間一人ひとりが読書の意義を認めたからではありません。活字印刷は、人類の文化全体に革命を起こしました。16 世紀には、大学生の学びが「手書きノート取り」から「読書」へと変化し始めます (Eisenstein 1979：566-574)。ノートをとらない学生たちが出現したというのです。

　長い年月を経て、活字印刷は世界中の学校の教科書を生み出し、文字で伝え、文字で学ぶ学校教育を万人に行き渡らせました。文字の読み書きが社会的な生活になってしまい、人類が読書の意義を見いだしたわけです。読書とは長年人類の知恵の結晶なのです。

読解力（読解リテラシー）

　読解力を言語使用能力ととらえれば、話しことばまで広がります。
　話すことは、その人の考え、理解していること、価値付けていること、いわゆる「思想 (thought)」を表現することです。話を聞く時に

は、今度は逆に、言葉を聞きながら人間は考えます。乳児の頃に頭の中に言葉の「イメージ（表象）」が湧きます。「わく」というのは自然に発生するのではなく、人間が自分の脳を働かせて作り上げるのです。ものを見たり、動かしたりして活動しながら、このイメージを作ることもあります。記憶が長期的に安定すると、このイメージの根拠となる言葉の意味が自覚され、このイメージは、「観念（イデア、idea）」という表象に発展します。大人、社会とのやりとりのなかで、この「観念」は他者とコミュニケーションできる文化に意味づけられ、さらに意味構造が安定した「概念（コンセプト、concept）」に発展します。

　筆者の孫は、1歳の時、ぬいぐるみを見て「シャンシャン」という言葉を覚えました。何らかの「イメージ」ができあがり、それを繰り返すうちに、目の前にぬいぐるみがなくても「シャンシャン」という言葉だけで反応するようになり、「イメージ」は「観念」に発達しました。しかし、学問的に吟味されていて、社会的に通用する、生物としての「パンダ」という「概念」形成にはまだ達していませんでした。

　人間は、このような自分自身の力で言葉を「概念」にまで育て上げる、つまり「生成」する能力を発達させることができるのです。言葉を覚えるということは、実に長く複雑な道のりです。しかも、社会関係の中で、文化を土台にして起きてくるわけです。

　人間は、この言葉の「概念」を使って考え、自分の考えをつなげた、自分自身の「思想（thought）」を持ちます。しかも、自分の経験に基づいて「生成」した、自分の「内言（ないげん、inner speech）」で、自分自身の「思想」を記憶していくのです。

　読解力の中身は、このようにとても複雑な、メンタルな（精神的な）問題になります。

　文章を書くとは、話しことばを一字一句記述すれば、それでよい
のでしょうか。

　話された言葉を文字に書き記すと、そこに記述された言葉は、あ
るいは文や文章となったことばは、その人の「思想」と同じ中身で
しょうか。

　逆の見方をすれば、話しことばであっても、自分の「思想」が言
葉で表現できているかということさえも簡単に決められることでは
ありません。

　書きことばは、人間の脳に課された「記憶」という負担を軽減し、
人間の脳を「思考」に解放したと解釈する人もいます。

　逆に、古（いにしえ）のソクラテスのように、会話が失われれば人が考えるこ
とも、記憶しようとすることもなくなるとして、ギリシャ文字を使
うリテラシー（識字能力、literacy）を拒否した哲人もいます。彼は、若
者に向けて対話（dialogue）を仕掛け、若者たちが自分の脳で考える、
自分の考えをリフレクションし、クリティカル・シンキングをして、
知恵を探究していくように、思考のプロセスを提供し、対話法によっ
てそのプロセスを見守ったわけです。今日の言葉で言うと、アクティ
ブ・ラーニングです。

考える読書

　サンダースは、黙読が読書の質を高めたと考えています。

　「読むことの本質が言葉を声に出すことから黙読することに変
　わったとき、人は文字を読むと同時にその意味をリフレクト
　することができるようになった。その活動はいやおうなく、リ
　フレクティブな自己を生み出した。」（Sanders 1994：30、サンダース
　1998：37）

「ことばは、残ってはじめて、ながめ、さらに見直すことがで
きる。自己は常にリフレクティブな自己であり、このリフレク
ションが個別化された意識を獲得するのである。」(Sanders 1994：
31、サンダース 1998：37)

読書は、脳が発音することに使う作業メモリーを思考活動に開放し
ました。音読するときと黙読するときには、違う神経回路が組み立
てられるということになります。

　タフツ大学識字・言語研究センター所長を経て、カリフォルニア
大学ロサンゼルス校 (UCLA) でディスレクシア・センター主任をし
ているメアリアン・ウルフ (Maryanne Wolf) は、「文字を読む脳」は長
い年月をかけて人類が獲得したものだから、「増殖する情報が一瞬
とも言える速さで提供されることは、ずっと多くの時間がかかる深
い知識の形成を脅かすのではないか」(Wolf 2007：22、ウルフ 2008：43)
と、述べています。彼女がなぜ「プルースト」と「イカ」を本のタイ
トル名にしたのか分かりますか。イカは、神経が巨大で人間の目に
もはっきり見えます。神経のシナプス結合に関する、初期の実験に
よく使われました。「素早く泳げないイカ」でも、「独特な才能」があっ
て、他のイカとは違う神経回路を作り上げれば同じように生き残る
ことができるという事実と、彼女の子どもディスレクシアであって
そのような子どもたちへの支援とを重ねていたとおもわれます。

　フランス人作家マルセル・プルースト (Marcel Proust) は、読書好き
でした。読書を通じて「本来ならば遭遇することも理解すること
もない幾千もの現実」に触れることができましたから、そこを「一
種の知的聖域」と考えていたようです。プルーストの味わった「新
しい現実」は、「アームチェアに座ったままで知的生活を転換させ
る力を秘めている」と考えさせるというのです (Wolf 2007：6、ウルフ
2008：20)。

　読書するうちに、私たちは、はらはら、どきどきしてきて、怒ったり、どうすべきかを考えたりすることがあります。登場人物の行動に自分を重ねて、行く末を心配し、筋を持って考え、書物の中の登場人物がとった行動に納得し、満足し、心が豊かになる。こんな経験は、「新しい現実」、つまりバーチャルな体験なのですが、脳にとっては現実の経験と区別が付きません。いつもその人が考える通りに、脳の回路は同様の反応をします。「何兆もの接続を形成できる数十億のニューロン」に、まるでリアルな経験と同じ神経信号が読書体験中の読者から送られてきて、リアルな信号を処理するのと同一の神経回路をつなぎ、考え、評価したりするわけです。

　読書および読解リテラシーがもたらす成果は、読者および読み手がテクストをどれだけ考え、理解して読み取るか、それを自分の成長として取り込めるか、自分の将来の活動の質を高められるかということにあります。

　ウルフは、次のように著書を締めくくっています。

　文章を書かなかったソクラテスは、「脳がそれまでよりも深く思考する時間が生まれるという、読解の核心をなす秘密」を知らなかった。だが、プルーストも私たちもそれを知っている。

　　「越境して思考する時間（*time to think beyond*）という不思議な見えない贈り物は、読解する脳の最大の達成物だ。」（Wolf 2007：229、ウルフ 2008：336）

ウルフの締めくくりのことばは、読者の皆さんには、「人類が文章を飛び越えていかに学習するかという本」には最終章がないので、自分で作ってくださいと書いてあります。自分の経験を越えて思考する読書、そして著者の記述を飛び越えて思考する読者、人類は文化を持つがゆえに脳の能力を自分たちで開拓したわけです。

2018 年 PISA 調査

授業に関連してどのくらい本を読んでいるか。こんなことを、OECD の国際生徒調査 PISA が 2018 年に 15 歳の生徒を対象に調査しています。「今年度、言語（日本では国語）の授業のために読まなくてはならない本で最長のものは何ページでしたか（During <this academic year>, how many pages was the longest piece of text you had to read for your <test language lessons>?）」という質問に対する回答から、いくつかの国の様子を比べてみましょう。生徒の回答は、(1) 0 または 1 ページ、(2) 2 ～ 10 ページ、(3) 11 ～ 50 ページ、(4) 51 ～ 100 ページ、(5) 101 ～ 500 ページ、(6) 501 ページ以上となっています（OECD/PISA 2017：32）。

表 5-1 のように、デジタルに移行したから長文の読書が減るというわけではなく、相変わらず長文を読んでいる国が多いようです。101 ページ以上の長文を読むことになった生徒の割合は、上位のフィンランドで 74.2%、デンマークで 74.2%、カナダで 71.9% と大きな割合です。日本や韓国は、OECD 加盟国の平均よりもずっと少ない比率、4.2 と 8.9 です。しかも、**表 5-2** を見てみると、多くの国では、ページ数が増えると PISA の得点も上昇しているようです。ところが、日本では、101 ページ以上の本を読むと PISA のテストの得点が下がるという不思議な現象が起きています。韓国も日本ほどではないけれども、その傾向が見られます。言い換えれば、日本や韓国は、長文の読書をもとにした言語の授業に失敗しているのではないかと推測できます。**表 5-3** のように、中国の様子は欧米によく似ています。男女差をみると、日本と韓国は類似の傾向を示しています（**表 5-4**）。**図 5-1** のように、西欧文化諸国では、ICT 教育を普及させながらも、長い文章の筋をじっくり考えるような言語の授業が実施されているようです。

　とりわけ、101 ページ以上の本を読んだ生徒は、PISA 読解力の得点平均をみると、フィンランドが 543、カナダが 542、アメリカが 538 と、ずっと高得点になっています。言語力がすべての教科の基礎になっているというのは、2006 年 1 月に国語教育を PISA 型読解力に切り替えたときの日本の教育行政の認識です。

表 5-1　必読本最大ページ数別の分布（主な OECD 加盟国）(%)

	10 ページ以下			11 〜 100 ページ			101 ページ以上		
	男子	女子	全体	男子	女子	全体	男子	女子	全体
フィンランド	17.5	12.2	14.9	12.2	9.2	10.7	70.3	78.6	74.4
デンマーク	7.1	9.1	8.1	17.5	17.9	17.7	75.4	73.0	74.2
カナダ	15.0	14.7	14.8	13.8	12.7	13.3	71.2	72.6	71.9
アメリカ	20.9	26.0	23.4	25.2	23.3	24.3	53.9	50.7	52.3
日本	58.1	65.8	62.0	37.2	30.5	33.8	4.7	3.7	4.2
韓国	48.4	56.7	52.4	41.0	36.3	38.8	10.6	6.9	8.9
OECD 平均	34.3	34.5	34.4	23.2	21.7	22.5	42.5	43.7	43.1

（OECD/PISA 2021：Table B.6.10、リンク利用のこと）より筆者作成

表 5-2　必読本最大ページ数と PISA 読解力の平均得点（主な OECD 加盟国）

	10 ページ以下	11 〜 100 ページ	101 ページ以上	全体
フィンランド	464	474	543	520
デンマーク	484	486	514	501
カナダ	477	484	542	520
アメリカ	465	482	538	505
日本	502	511	499	504
韓国	511	519	516	514
OECD 平均	460	473	515	（500）

（OECD/PISA 2021：192）より筆者作成

表5-3　必読本最大ページ数とPISA読解力の平均得点（主なOECD非加盟国・地域）

	10ページ以下	11〜100ページ	101ページ以上	全体
北京・上海・江蘇・浙江(中国)	544	560	578	555
香港(中国)	522	510	539	524
マカオ(中国)	535	508	515	525
台湾	495	494	529	503
シンガポール	543	527	604	549

（OECD/PISA 2021：193）より筆者作成

表5-4　PISA読解力がレベル5以上（トップ）にある生徒の必読本最大ページ数別分布（%）

	男性			女性		
	10ページ以下	11〜100ページ	101ページ以上	10ページ以下	11〜100ページ	101ページ以上
フィンランド	5.4	3.5	91.1	4.2	4.6	91.2
デンマーク	6.5	10.8	82.7	6.1	10.0	83.8
カナダ	5.0	6.2	88.8	5.3	7.1	87.7
アメリカ	7.7	15.4	76.9	11.9	13.2	75.0
日本	53.1	41.0	5.8	60.3	36.0	3.7
韓国	44.6	42.7	12.7	49.2	41.8	9.0
OECD平均	18.7	16.9	64.4	19.0	17.5	63.5

（OECD/PISA 2021：Table B.6.10、リンク利用のこと）より筆者作成

長文の読解はなぜ必要か

　では長文の読書はなぜ必要でしょうか。現代では、多くの人々が、長文にしなくては説明できない複雑な問題を扱っているからです。歴史の変化、人間関係の広がりと衝突、さまざまな環境、多様で複雑な条件の変化、その中でもテーマ、論旨を筋として追い求めることができる、自分の意志や価値観を確かめながら自分の問題として探究できるといった、知識を分析する概念装置とそれを組み合わせ

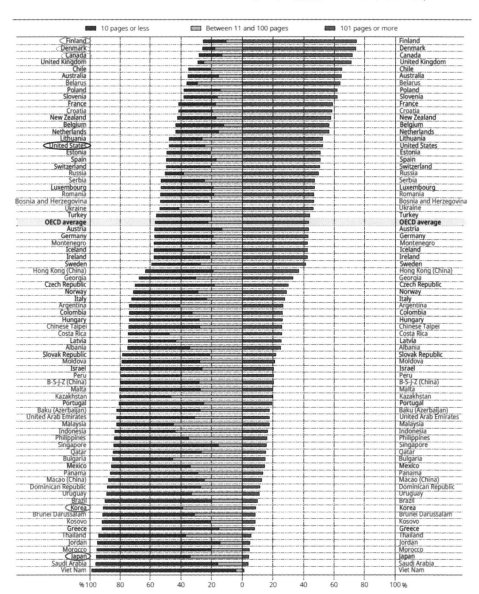

図 5-1　今年度国語の授業の必読書で最長のページ数の分布（%）

（OECD/PISA 2021：125）

ていくコンピテンシーの問題になってきます。長文を読む力は、長文を書く力となって表れるだけでなく、高度な能力表現に決定的な力を及ぼしています。

　このように、読書は、言語の授業の中に必要不可欠なものとして位置づけられており、言語は計画的に教えられ、意識的に学ばれ、さらに全教科でその成果が発揮されるように扱われるべきことなのです。ヨーロッパの大学入試に相当する、バカロレアなど中等教育修了資格試験では、どの科目も時間をかけて書かせる内容になっています。

言語 A

　言語を文化と関連づけて学ぶ教科を、日本では国語と呼んでいますが、国際的には「言語 A (Language A)」もしくは「言語と文学」と呼ばれています。国際バカロレア (IB) の普通科高校 2、3 年生に相当するディプロマ・コースでは、次のように「言語 A のコース目的」が明示されています。

1. 異なる時代やスタイル、文化から、さまざまな媒体や形式の、一定の範囲のテクストに触れる。

2. 聞く、話す、読む、書く、見る、発表しパフォーマンスするスキルを伸ばす。

3. 解釈、分析、評価するスキルを伸ばす。

4. テクストのフォーマルで美的な性質に関する感性 (sensitivity) を発展させ、またそれらがどう多様な対応に役だったり、多様な意味を広げるのかという鑑賞 (appreciation) を発展させる。

5. テクストと、多様な将来展望 (perspective)、文化的コンテクスト、地域およびグローバルな問題との関係への理解を発展させ、ま

たそれらがどう多様な対応に役立ったり、多様な意味を広げる
のかという鑑賞を発展させる。

6.「言語と文学」の学修（study）と他科目の学修関係性との関係への
理解を発展させる。

7. 自信をもち、創造的な方法でコミュニケーションし、協働する
（collaborate）。

8.「言語と文学」への、生涯にわたる鑑賞と楽しみを育くむ（Waller
2019：10）。

となっています。

　言語（国語）の教育として取り扱う読書活動は、小説など長い文章
を実際に読んで、他の作品と比較しながら文体を知り、味わうこと
はもちろんのこと、実際に文章表現を試みることになります。著者
が生きた文化、取り扱っているテーマの時代背景、テーマを扱う社
会的意義、つまり著者を取り巻く文化的なコンテクスト、地域の問
題やその時代のグローバルな問題、自然と人々や自分の将来展望、
著者が提起する問題解決の適切性などをかなりの時間をかけて考え、
討論し、まさにクリティカル・シンキングで学ぶわけです。しかも、
複数の著者の作品比較をします。時代性や民族文化の歴史を調べな
がら、テーマとなっている社会問題の意義も理解し、問題解決の筋
道を主人公やその他の登場人物の行動の適切性を自分なりに判断し
評価していくことになります。これは、自分の生き方を考える機会
になるだけでなく、他人の生き方を評価する経験ともなります。

　言語教育の成果は、言語の授業だけでなく、他の教科でも討論し
たり、レポートを書いたり、プレゼンテーションやエキジビション
（展示、デモンストレーションなど）でも発揮されるものですから、学校
教育全体の質を向上させていきます。

　日本の教育に話を戻せば、言語教育の目的があまりよく自覚され

ていないように思われます。読書を生かす授業が行われていない、どちらかというと負担になっているという現状が見て取れます。女性の方が読書ページ数が少ないのは、学問は男のするものであった封建時代の名残でしょうか。

スマホ脳はサバンナに帰還する

　人間は、読解リテラシーを学ぶことで脳を開発しながら文化を発展させてきました。読解リテラシーは、「作業メモリー」と呼ばれる「短期記憶」を最大限確保し、前頭葉に知能を集め、意識を集中して関連する言葉や概念を探し、新たな結合を作り出しながら、思考回路を組み替えていくことで学習されます。

　ウルフは、

　　「たった一語の読みが膨大な数のニューロンを始動させることを確認しました。それには脳の複数の領域と五層すべてにおける信号伝達が関与します」(Wolf 2018：35、ウルフ 2020：52)

と説明しています。

　人類史を振り返れば、人間の知恵と文化が教育制度を通して意図的に「読解リテラシー」を獲得していることがわかります。さらにまた、人類が蓄積してきた文化遺産の上に、個人が、自分の意志と努力で自分の「読書脳」を作り出しているわけです。

　スウェーデンの精神医学者ハンセンは、「人間の脳はデジタル社会に適応していない」(ハンセン 2020：7)と言っています。

　そこで、

　　「スマホのよい面を取り入れながら、ドーパミンのわなにはまらないようにすることが大切なのです」(ハンセン 2021a：160)

と警告しています。

　人間の脳は、自然界のなかで常に危険や不安を感じてきました。あたりに注意を分散させながら、高いストレスのなかで狩りをしていたことでしょう。それが身体の安全を守る警察、声明の安全を確保する医療の充実、生活環境を快適にする住宅、助け合う社会を維持するコミュニティなど、地域や国や国際社会を作り上げることで、祖先たちは危険を避けるように工夫してきました。精神の安定が得られることで、人体もストレスに対する免疫を作り出し、その結果、注意を集中することで高度な思考が可能になり、文化的な創造も行われ、複雑な精神を操りながら今日の社会を創り出しています。いわゆる「読書脳」は長い年月をかけて、人類だけが作り上げてきた産物なのです。

　ところが、長時間継続するストレスを作り出すデジタル機器が現れたおかげで、注意持続力が短くなり、集中力が弱くなっているようです。そうなると、じっくり考えて、長期記憶の回路に新しいつながりを作り出すことができなくなると、ハンセンは指摘します。

　　「スマホの使用に特に慎重になった方がいいのは、学校や大学
　　の教室内だ。」(ハンセン 2020：97)
というのが結論です。

危機調査が始まる

　ハンセンは3つの実例を挙げています。

　大学生のグループを、自分のパソコン持参で授業を受けるグループと、パソコン持ち込み禁止のグループとに分けて、同じ講義を聞かせました。講義中の態度を調べてみると、パソコンを持っているグループは、講義に関するウェブページをいくつも見ていましたが、そのついでにメールやフェイスブックもチェックしていたようです。

講義直後に調査してみますと、パソコンを持参した学生たちは、そうでない学生たちに比べて講義の内容を覚えていなかったというものです。

　別の大学生を対象にこの実験をしてみても、結果は同じだったそうです。

　米国の研究で、『ペンはキーボードより強し』(Mueller and Oppenheimer 2014) という論文があります。プリンストン大学の 35 人の学生を対象に、授業を手書きでメモする学生とパソコンに記録する学生に分けて効果を調べました。TED トークという 15 分の教育論を映像で見せました。視聴後に、2 つの別室に分かれて、視聴内容に関するテストと、視聴内容とは関係のないテストをしました。後者には 30 分の時間がかけられました。

　表面的な知識については、両グループに目立った差はありませんでした。ところが、内容の理解を問うテストでは、手書きの方が高い得点になりました。

　原因を探るために、トークに関するメモを調べてみますと、出演者のことばそのままに書き写していた比率は、手書きのグループでは 8.8%、パソコン使用グループでは 14.6% ありました。パソコンでノートをとると、聞いたことばをそのまま入力することになりがちだということがわかりました。

　そこで、カリフォルニア大学の学生 109 人を対象に、別の実験をしました。コウモリ、パン、ワクチン、呼吸という 4 つの概念にいてそれぞれ約 7 分間で説明する映像を視聴させました。パソコンでメモするグループには、自分のことばでメモするように指示されたグループ分も編成されました。1 週間後、メモを見ながら 10 分間の復習をした後に、映像の内容を問うテストをしました。3 グループの得点を比較しても、手書きのグループがもっとも理解していた

そうです。

読書脳を維持する努力が必要

　この実験の結果について、ハンセンは、

　　「紙に書いた学生の方が講義の内容をよく理解していた。必ず
　　しも詳細を多数覚えていたわけではないが、トークの趣旨をよ
　　りよく理解できていた」(ハンセン 2020：98)

とまとめています。さらに、その原因を次のように考察しています。

　　「ペンだとキーボードほど早くかけないため、何をメモするか
　　優先順位をつけることになる。つまり、手書きの場合はいった
　　ん情報を処理する必要があり、内容を吸収しやすくなるのだ。」
　　(ハンセン 2020：98)

　ハンセンが紹介する 3 例目は、ある講演で、スマホ持参の参加者
と、スマホを会場外に置いてきた参加者を比べたものです。最初の
15 分間の効果は同じだったが、その後はスマホ持参者の方が講演か
ら得られる情報量がどんどん減ってきたそうです。集中が途切れて
しまうのだろうと、ハンセンは述べています(ハンセン 2020：98-99)。

　　「私は普段からたくさん本を読みますが、ホラー小説や SF と
　　いった気軽に読める小説は電子小説を利用しています。一方、
　　内容が複雑で難解な本は、たとえ持ち運びが億劫でも紙で読み
　　ます」(ハンセン 2021b：32)

というのが、ハンセンの対策だそうです。

紙媒体とデジタルの違いは

　オンラインリテラシーについて、ウルフは次のような実験例を紹

介しています。

　ノルウェーの研究者アン・マンゲン（Anne Mangen）たちは、印刷された紙媒体で文章を読む場合と、パソコンの画面で文章を読む場合の認知と感情の違いを研究しました。ノルウェーの10年生（15~16歳）72名を対象にして、短編小説を本で読む場合とキンドル（Kindle）で読む場合分けて比較調査したというのです。それによると、

　　　「本媒体で読んだ生徒の方が画面で読んだ学生よりも、筋を時
　　　系列順に正しく再現できていた」（Wolf 2018：77、ウルフ 2020：108）

といいます。

　あるいはまた、「情報処理の速さを特徴とする」画面上の読みを何時間も続けると、デジタル・ベースの読み方に合わせた心理の「構え（set）」ができあがり、本や新聞を読む時も「気を散らすことがいっぱい」で、「順序だった思考」を重視しない読解がおこなわれるようになると、ウルフは観察しています（Wolf 2018：80、ウルフ 2020：110-111）。

　マンゲンは、長年にわたって、研究を続けてきました。同僚たちとの研究もいくつかあり、2013年の論文（Mangen *et al.* 2013）がウルフの著書に紹介されたわけです。2014年の論文では、20~30歳くらいの成人50人に28ページの恋愛ものミステリー小説を読んでもらった調査です。出来事の場面についての理解は、紙の本で読んだ場合とKindleで読んだ場合の違いはほぼありませんでした。しかし、時系列に並べて話を再現する点では、紙媒体の読書の方が勝っていました。（Mangen *et al.* 2014、Mangen *et al.* 2019）

　以上の考察から、オンラインリテラシーを深めるには、画面から離れて、できたら目を閉じて、頭の中で考えをめぐらし、頭の中を整理し、因果関係やテクストのつながり（コンテクスト）を自覚する努力が必要だということになります。

メイカーズやコミュニティセンターに楽しく集う

　米国では、1990 年頃に、コミュニティセンターがコンピュータを使った活動をはじめたばかりだったようです。

　レズニックは、低所得者の子どもたちも気軽に通えるコンピュータ・クラブハウス (Computer Clubhouse) を、ボストンのコンピュータ博物館の教育コーディネーターをしていたナタリー・ラスク (Natalie Rusk) と共に 1989 年末に構想し始め、1993 年に開館します。開館の運営スタッフだけでなく、集まった若者たちを教育面で支援する成人「指導員 (mentors)」も配置しました。芸術、音楽、ビデオ、アニメなどに関心ある若者たちが集まってきて、なかにはスケートボードの技を披露するウェブサイトを作る者、両親の写真を整理してアルバムを作る者など、自分自身で決めた学びができる居場所作りを続けたようです。

　2005 年には、『Make』という雑誌が刊行され、コンピューター、電子機器、金属加工、ロボット工学、木工などの分野を扱い、「Do It Yourself（DIY）」とか「Do It With Others（DIWO）」の活動を活気づけました。レズニックは、これを、「草の根運動として、地下室に、ガレージに、そしてコミュニティセンターに、ものを作るための情熱を持ち、アイディアと創造物をお互いに共有する人々が集まりはじめました」(Resnick 2017：32、レズニック 2018：69) と書いています。米国には、物づくりで協働する文化が社会に根ざしていたということです。

　実は、「サバンナ脳」もまんざら悪くはないのです。教室に生徒をじっと固定して、一斉に知識を詰め込み、知識を覚えさせ、ペーパーテストで知的能力を評価するという教育法では、AI 時代の新

しい産業には対応できないからです。

オンラインで文を書くこと、表現すること、作ること

　学校や大学の外に、同好の志を持つ者が集まり、協働し合える自主的なサークルやクラブやボランティア団体がたくさん活動しているという米国の雰囲気のなかで、MITメディアラボのレズニックたちは、「生涯幼稚園（Lifelong Kindergarten）」研究グループを結成し、2007年に学習ソフト「スクラッチ」を完成します。この年は、アップル社がiPhoneを作成した年にもあたります。

　「スクラッチ」は、コンピュータを簡単に使えるソフトだけでなく、オンライン・コミュニティも提供しました。子どもたちは、ストーリーある物語を作ったり、ゲームを作ったり、アニメーションを作るのですが、作った作品を世界中の子どもたちと共有し、双方向の交流をしながらバージョン・アップできるように工夫されていました。

　レズニックは、パパートの「構築主義」を、能動的な構築者になること、つまりコンピュータを用いてまずイメージとアイディアを頭の中に作ることと、実際にそのイメージを現実の社会に形ある作品として作り上げることとの二つの構築であると解釈しています（Resnick 2017：38、レズニック 2018：77）。

　思考し、リフレクションして、イメージを修正し、実際に作り出してみて、またクリティカル・シンキングして、工夫してバージョン・アップします。友だちとも共有し、複数の人たちが使ってみて、それぞれ別のアイディアで修正し、それを交流させながらさらに修正していきます。こうして、「学習のネバー・エンディング・スパイラル」が形成されていくわけです。教師に指図されるのではなく、

活動するグループのなかに、あるいは自分のなかに改革のメカニズムが組み込まれているという意味で、「生成的認識論」になっています。

　世界中がオンラインで結ばれれば、それこそ眠らないで、思考が連続していき、イノベーションが起き続けます。前 MIT メディアラボ所長の伊藤穰一によれば、スクラッチのオンラインコミュニティは、「8 歳から 16 歳までのユーザーが、毎日 3 万個以上のプロジェクトを共有しています」(伊藤穰一 2018：4) と紹介しています。まるで、学びが、無償労働であるかのように、コンピュータの上の協働(コラボレーション)になっているようです。

　今から 10 年近く前のことのようですが、レズニックが講演に出かけていって、一つ前の順になっていたヨーロッパの出版社の講演を聴いたというのです。その出版社は、ゲーム『ウォーリアーズ』という、森に住む野生のネコたちの 4 つの部族の冒険物語を基に開発した「没入型オンライン世界(an immersive online world)」を売り込もうとしていました。子どもたちは、何百というネコのうちの一匹になりきって、そのネコが所属する部族の掟で指示される任務を達成する役目があります。

　どうもこのゲームは、『遊戯王　猫』というものらしいのですが。

　レズニックが強く疑問に感じた点は、その講演者が「消費する」ということばを使ったことでした。その出版社は、「子どもたちが次々と消費するために物語を配信する手段」としてオンラインテクノロジーを考えているとしか思えませんでした。

　レズニックは、子どもたちは「受動的に座っているだけではありません。オンライン世界の大きな魅力は、相互作用できる能力です」と反論していますから、子どもはゲームに飽き足らず何かし始めるに違いないとレズニックは考えたわけです。

自分の仮想猫をオンラインで動かしたとしましょう。「しかし、動かせたとしてもやはり子どもたちは消費者のままなのです」とレズニックは批判します。

　「スクラッチは、他の人の物語とやりとりができるだけでなく、自分の物語を創作してシェアすることができるのです。」

では、子どもたちはスクラッチを使って自分の物語を創作しているのでしょうか。気になったレズニックは、講演そっちのけで、すぐにノートパソコンを開きました。「スクラッチ」の検索ボックスに「warrior cats」と入力してみますと、……。

　「何百ものプロジェクトとスタジオが含まれたリストが現れました。『Best Warrior Cats Projects!』という名のギャラリーには、150にも及ぶプロジェクトが含まれていました。別の『Warrior Cat Games and Makers』という名前のスタジオには、70以上のプロジェクトがありました。同じく『Warrior Cats Rule!』には、60以上。」（Resnick 2017：45、レズニック 2018：89）

という具合でした。レズニックが知らなかっただけで、子どもたちは、もう『スクラッチ』を使って創造の世界に入っていたのです。

あなたの声を育てよう──コーディング（共有できる記号表現）

　タフツ大学の子ども研究学科長のマリナ・バーズ（Marina Umaschi Bers）は、「デジタル機器」を「びっくりするほど多様な、クリエイティブなデジタルベース・スキルを学ぶための『遊び場（playground）』」と呼んでいるそうです。バーズとレズニックとの共著から、ウルフは、コーディングに関する次のような記述を引用しています（Wolf 2018：174-175、ウルフ 2020：236-237）。

　「子どもはみなコーディング方法を学ぶ（learn how to code）機会を

与えられるべきだ。コーディングはしばしば難しいとか、特別だと見なされるが、私たちはこれを新しいタイプのリテラシー、すなわち誰もが利用できるようにするスキルだと考えている。コーディングは書くことと同じように、学習者が自分の考えをまとめて、考えを表現する手助けをする。

　幼い子どもがコーディング……をするとき、他人のつくったソフトウェアを使ってただ交流するというよりは、コンピュータを使って自分自身をクリエイトし、表現する方法を学ぶのである。子どもたちは順序立てて考え、因果関係を探り、設計と問題解決のスキルを伸ばすことを覚える。同時に……ただコーディングを学んでいるだけでなく、学びをコーディングしているのだ。」(Bers and Resnick 2015：2-3)

というわけです。

　子どもたちがロボットを動かしながら、コーディングのスキルを身に付けていくとき、

　「その過程で子どもたちは、デジタル世界で物がなぜ、どうして作動するのかを理解します。そのような活動的な形のデジタルベースの知識は、あらゆる学習領域を横断する洞察(insights)を与えます。詳しく言えば、子どもたちがコーディングしながらクリエイティングしている間に子どもたちが学習する、並行していて、相互に支え合うプロセスは、印刷媒体で読解することを学ぶときに使われたプロセスを補完します。」(Wolf 2018：175、ウルフ 2020：237)

と、ウルフはデジタルと読書との間の関係に結論を出します。

　レズニックもまた、

　「ほとんどの人はプロのジャーナリストや小説家にはなりません。それでも、文章を書くことを学ぶのは、誰にとっても重要

です。コーディングも同じです。ほとんどの人はプロのプログラマーやコンピュータ科学者になりませんが、流ちょうにコーディングすることを学ぶのは、誰にとっても価値のあることです。流ちょうになることは、文章を書くことと、コーディングすることを問わず、<u>あなたが思考することを育て、あなたの声を育て、あなたのアイデンティティを育てる</u>のに役立ちます。」（下線部は著者）(Resnick 2017：45、レズニック 2018：94)

と言っています。

　つまり、コーディングと呼ぶものは、順序立てて考え、因果関係を探り、設計し、問題解決するという認知的プロセスを踏みながら学習するということです。このことは、洞察し、クリエイティングし自分自身をつくり出していくという非認知的な側面をも伴う総合的な人間形成のプロセスとなると考えられます。

　現代の学びは、デジタル機器を用いた学びにならざるを得ず、ストーリーを作り出す学びをすれば、読書と対立するものではなくむしろ読書を補完するものである、という結論を下してよいかと思われます。

ことばの意味を創る

　読解リテラシー（reading literacy）は、読解力と訳されますが、読書力と訳すこともできます。書かれた文字や記号を解釈することであり、書かれた文章を解釈するも含みます。同時にまた、思いや考えをことばに表現する力もまた含むものと考えられています。

　文字や記号、あるいは音声は言葉（word、単語）の乗り物（意味するもの）です。それぞれの言葉には、意味があります。言葉の意味は、社会的なもので、歴史的・文化的に想像され、保存されてきました。

民族の言語を、言葉の意味と文法の面で教授することが、学校教育の目的でした。

　社会的な意味を解釈しながら習得されたことばは、言語操作能力である読解リテラシーは、自己が存在する内的空間を形成してきました。ヴィゴツキーが考えた内化理論は、外的なことば、つまり言語活動を自分の内的なことば(speech、発話)に奪い取ることでした。単に言葉を覚えることではありません。サンダースもまた、人間の精神を形成する読書は音読という、テクストを声に出して読み上げること、「読み手によって摂取されるもの(ingested)、つまり内化された表現(gesture、身振り)」だったと人類史をふり返っています(Sanders 1994：133、サンダース 1998：164-165)。ある種の活動を繰り返すうちに、ことばの意味をおぼろげに理解し、イメージとして定着したものが言葉になるわけです。

　つまり、文字や音声にはどのような意味がともなっているか、それを理解したり、考えたりすることができるかということが、とても重要になります。

　しかも、話を聞いて解釈したり筆記するというような、また書かれた文章を音読したり暗唱するというような、ことばを習得する過程で、またことばに表現する過程で、人間は思考します。

　話しことばと違って、書きことばでは、書きながら、自分が考えるイメージにもっとも適する言葉をじっくりと選んでいきます。相手が目の前にいないので、相手の反応を想定しながら、記録に残ることですからその後の展開も予想しながら、書く内容が適切であるかどうかリフレクションしていきます。

　たとえば、手紙ですと、ポストに投函するまでいろいろと迷う時間があります。メールになると、思いついたことを、ほとんどリフレクションしないで、送信してしまいます。

　外言をテキストとして取り込んだ内言によって、人間の脳は知識を他の知識と比較考察し、評価したりして、合理的に体系的な概念構造を作ります。

　同時に、ヴィゴツキーは、この内言の行き着く先を「省略された、断片的な、取留めのない、わけのわからない、理解し難い発話」（Выготский 1982：332、ヴィゴツキー 2001：397）とか、「内的発話のまったくの不可解性、断片性、省略性」（Выготский 1982：332、ヴィゴツキー 2001：398）と説明しています。一人ひとりの考え、「思想（thought）」と呼ばれる世界です。

　また、思想家ハラリは、現代の科学は「心がどのようにして脳から現れるかは、全く説明できずにいる」（Harari 2018：321、ハラリ 2019：404）と指摘しています。

　まだまだ、人間はことばを使って自分の考えを上手く表現できていないわけですから、言葉を覚えればよいというわけではないのです。人間の能力の部分、不可解でことばに言い尽くせない人間の心と、スモール・データでも意味をつなげて全体像を作り出す直感的認識、これらはオンラインリテラシーで表せないものなので、話しことばや書きことばとして意図的に維持していかなくてはならないものだと思われます。

　大まかに整理してみますと、**表5-5**のように、オンラインリテラシーはこれまでの言語を補完するものとみなして、全体を読解リテラシーとして考えていくことになります。人間が作り出した人工物、文化を相互に交換する仕組みです。

　ことばの形態は、どのような比率で使われるかは、人間の活動の場面では異なるでしょう。しかし、家庭教育とか学校教育は、成長過程に必要な要素が不足しないように、バランスに配慮することが必要になります。現在分かっていることは、時間をかけて話しこと

表 5-5　ことばの形態と特徴

話しことば	書きことば	オンライン・リテラシー
媒体 　音声	媒体 　文字	媒体 　多様な記号
手がかり 　発音の抑揚 　音声の間 (ま)	手がかり 　(手書きの場合は) 　文字の書き方	手がかり 　平面空間のデザイン
双方向コミュニケーション 　顔の表情、目の動き 　手足など身体の動き 　声の抑揚や明瞭さ	一方向の伝達 　相手の反応を予想した言葉 　取り消し不可能な記述 　読み返す	一画面に総合表示

ばをゆっくり育てること、オンラインリテラシーの中に書きことば
の領域をたくさん確保しておくことです。それは、リフレクション
のプロセスを確保するということを意味します。

　しかし、深入りし過ぎると、オンラインリテラシーによってわれ
われ人間自身が単なる情報となり、AI に操作される存在になって
しまいます。

第6章　デジタル環境への対策

　1450 年頃ですが、ヨハネス・グーテンベルクが活字印刷を実用化しました。200 年ほどかけて出版業界、教会、大学を変えていった様子がアイゼンステインの著書には詳しく描かれています（Eisenstein 1979）。さらに計算してみれば、庶民が手軽に読書するようになるまでには、約 400 年以上かかったことになります。

　したがって、デジタル革命が、どのように人間の識字（リテラシー）を変化させてしまうのかは推測がつきません。それだけでなく、「デジタル環境は、今や子どもたちが日常生活を送る空間のひとつ」（OECD/CDEP 2021a：5、経済協力開発機構 2022：39）となり、大人たちさえあたかもスマホが体の一部になっているような状況です。

　インターネットによるデジタル革命は、印刷革命に匹敵するほどの人類史的変化を引き起こしています。長期的な人類の文化の有り様全体、当然にまた学びの形態も変更されてしまうとすれば、たくさんの予想外のトラブルも新たに引き起こされてくるはずです。

　OECD の出版物は、

　　「多くの子どもたちは歩いたり話しかけたりするよりも前に、スマートフォンやデジタル世界が提供する無限の機会に触れるようになった。その反面、子どもたちは多くのストレスや不安を訴える。また、デジタル世界の偏在はネットでのいじめ

　などの新たなリスクが家まで追いかけてくることを意味する」
（OECD/CDEP 2019：17、バーンズ＆ゴットシャルク 2022：39）
と述べています。

　本章では、国際的経済機構である OECD（経済協力開発機構）のデジ
タル環境政策を見ていきます。というのは、デジタル機器は商業用
として動いていて、それを規制するには経済団体が最も大きな力を
持っているからです。

デジタル環境に関するデータの信頼性

　かつてはコンピュータのみでしたが、現在はタブレットやスマー
トフォンも加わって、あまりに日常的になっているのでどこまでが
デジタル環境なのかが区別しにくくなっています。しかも、移動通
信技術の進歩と共に、場所や時刻を問わずに簡単に接続できること
から、「子どもたちがデジタル空間で過ごす時間を正確に算定する
ことはますます難しくなっている」（OECD/CDEP 2020a：39、バーンズ＆
ゴットシャルク 2021：61）と OECD の担当者は言っています。

　たとえば、インターネットを使って映像を見ている時間は、テレ
ビを見ている時間とは区別しないからでしょうか、子どもたちは「イ
ンターネットの利用時間とはみなしていない可能性がある」とも指
摘されています。

オンライン上の子どもの保護

　OECD の「情報コンピュータ通信政策委員会（ICCP）」は、「科学
技術イノベーション局（STI）」に所属し、1982 年 4 月より活動してき
ました。

　同委員会は、2008 年 6 月に、韓国のソウルにて、インターネット経済の将来像に関して OECD 閣僚会議を開催しました。同会議では、重要情報インフラ保護に向けて政府の指導力と責任を表明することを確認し、『OECD 重要情報インフラの保護に関する理事会勧告』(OECD/ICCP 2008) を決定しました。

　さらに、『オンライン上の子どもの保護勧告』(OECD/ICCP 2012) を作成し、OECD 理事会はこれを 2012 年 2 月 16 日に採択します。

　同委員会は、2014 年に「デジタル経済委員会 (CDEP)」へと改組されています。そして、前記の勧告は、OECD 理事会によって 2021 年 5 月 31 日に、『デジタル環境における子どもの勧告』(OECD/CDEP 2022b：6-14、経済協力開発機構 2022：20-33) へと改訂されています。

　同勧告では、デジタルサービスプロバイダーに対して、

> 「1) サービスを設計または提供する際に、設計アプローチによる子どもの安全を確保すること、
>
> 2) 明確で、わかりやすく、年齢に適した言語で (through clear, plain and age appropriate language) 効果的な情報提供と透明性を確保すること、
>
> 3) 保護手段を確立し、子どものプライバシー、データ保護、及びそのようなデータの商用利用に関して予防措置を講じること、
>
> 4) ガバナンスとアカウンタビリティを実践すること。」(OECD/ CDEP 2022b：3、経済協力開発機構 2022：16)

を求めています。

　また、ガイドラインの中では、デジタル・サービス・プロバイダーが、

> 「a) 子ども、親、保護者に対して、個人データの収集、開示、利用する方法について、簡潔でわかりやすく、容易にアクセ

スでき、明確で年齢に適した言語で (in language) 記述されている情報を提供すること、

b) 個人データの収集及びその後の第三者による使用または開示は、子どもの最善の利益のためのサービスの提供を達成するために限定すること、

c) エビデンスによって子どもたちのウェルビーイングに有害であると示された方法では、彼らのデータを使用しないこと、

d) やむを得ない理由がない限り、そして子どもを有害な影響から保護を得るための適切な方法が講じられていない限り、e-ラーニング・プラットフォームを含め、子どもたちを特質表現 (profiling) したり自動的に意思決定させることは許可しないこと。」(OECD/CDEP 2022b：13、経済協力開発機構 2022：32-33)

が必要であると、明記されています。

　ここで言う「プロファイリング (profiling)」を「特質表現」と訳しましたが、自分の好みや価値観、性格などを相手に知らせてしまうことです。学歴、職歴などの履歴のことをプロフィールと言いますが、年齢、性別、家族構成、収入など経済状況、旅行経験、趣味、食べ物の好み、飼っているペットなどプライベートな情報を広く指します。ビッグ・データを分析するほどでなくても、日常的なコミュニケーションにおいてもまた、相手の次の行動を推測してアプローチをかけることは普通の行為です。

　これまで、リテラシー（識字）は、人と人を結びつける能力として有意義なものとして理解されてきました。ところが、オンラインリテラシーは、危険な人々とも結びつける力になってしまうということを、まずもって私たちは理解しなくてはならないと思います。

デジタル環境におけるリスクの型

　危険を類型的に整理したものを、OECD は「リスク・タイポロジー（typology of risks）」と呼んでいます。本書では、「危険の型」と訳します。2011 年には論文になっていますが、2021 年 1 月の OECD 報告書では **表 6-1** のように改訂されています。

　表中の「商用特質表現（Commercial Profiling）」とは、いかにも効果があるように宣伝したり、影響力の大きいインフルエンサー（infulencer）を利用して消費者のトレンドを創り出していくようなことです。また、「商用調査（Marketing）」とは、市場で売買できる可能性を調査することです。潜在的な欲望を探り、消費を煽ることにもなります。

　とりわけヘイト的な内容は、「写真、言葉、ビデオ、ゲーム、シンボル、さらに歌という形でも」伝わってきます。デジタル環境の中では、自分が意図しなくても、ヘイト的な行動の文脈に巻き込まれてしまうことも起きてきます。多くの国では、犯罪や暴力を先導

表 6-1　危険の型

子どものデジタル環境における危険			
危険の分類	内容の危険	行動の危険	接触の危険	消費者の危険
横断的危険	プライバシーの危険（対人関係、組織上、商業利用）先端技術の危険（例：AI、IoT、予測、分析、生物統計学）健康とウェルビーイングの危険			
危険の症状	ヘイト的な内容	ヘイト的な行動	ヘイト的な接触	商用調査の危険
	有害な内容	有害な行動	害を及ぼす接触	商用特質表現の危険
	違法な内容	違法な行動	違法な接触	金融上の危険
	偽情報	ユーザーが創り出す問題行動	その他の問題がある接触	危機管理上の危険

（OECD/CDEP 2021a：7、経済協力開発機構 2022：41）

する内容は違法と見なされていますが、ヘイト的な内容を違法とする国はまだ一部にすぎません。

　文学作品や児童図書において、差別を否定するような作品を広げようという読書の取り組みは、デジタル環境の現状ではますます必要になっていると言えるでしょう。

　同時に、「誤解を招く、虚偽の、潜在的に有害な情報を削除する取り組み」(OECD/CDEP 2021a：8、経済協力開発機構 2022：44) を社会的に強化する必要もあります。

　EU の欧州委員会は、2016 年に、Facebook、Twitter、Microsoft、You Tube との間でヘイトスピーチに対してとるべき行動規範を定めた協定を締結しました (OECD/CDEP 2020b：26、経済協力開発機構 2022：112)。

　フェイクニュースについては、驚くべきデータがあります。2017 年に、英国の公共放送局が消費者に「フェイクニュース」を特定する能力 (capacity to identify "fake news") を調査したところ、正しく特定できた者はわずか 4％だったと言います (OECD/CDEP 2020b：27、経済協力開発機構 2022：114)。

　2018 年には OECD が、デジタルリスクや脅迫的なインターネット使用のリスクを次の 3 つの「リスク要因 (risk factors)」として整理しています。

　　「1) 刺激を求める欲求、低い自己肯定感、心理学的障害 (インターネット中毒という障害の原因にも結果にもなる) などの性格的要因

　　2) 親のサポートや仲間の規範などの欠如という社会的要因

　　3) 特定のオンライン行動、オンラインサイト、オンラインスキルなどのデジタル要因」(OECD/CDEP 2019：24、バーンズ & ゴットシャルク 2022：29)

　とりわけ、「性格的要因」という人格、人間の内面の問題が教育

関係者の重要な課題となると思われます。

遊びの変化

　遊びは、子どもたちの自由な心の発露であるとして、想像と創造の力を育成する機会として尊重されてきました。

　まず、デジタル機器が普及し、外遊びの時間が減少します。たとえば、15歳の生徒を対象にした国際生徒調査PISAが2015年に調査したところ、OECD加盟国の生徒（日本では高校1年生、ヨーロッパでは中学3年生）のうち91％がスマートフォンを、74％がノート・パソコンを持っていました。平日でも1日2時間平均、週末は3時間以上を、学校外で使用していました。2012年の調査に比べれば、どちらも40分増加しています。また、インターネットへの初めてのアクセスが6歳以前だったと答えた者は18％いました。これが経済先進国と言われる国々の実態です。現在では、この数字はさらに増えていると思われます。しかも、世界全体にこの現象は拡大しているはずです。

　オンラインで過ごす時間が増加すれば、外遊びよりは、オンライン・ゲームで遊ぶ者も出てきます。ゲームでなくても、直接知らない相手とのコミュニケーションは至って容易にできます。OECDが指摘するように、「ネットでのいじめ、セクスティング（卑猥なメッセージや画像の送信）、有害なユーザー・コンテンツなどのデジタルリスクに曝される可能性も高まる」（OECD/CDEP 2019：24、バーンズ＆ゴットシャルク 2022：29）わけです。

　「セクスティング（sexting）」とは聞き慣れないことばですが、極めてプライベートな過去が露出してしまい、簡単に拡大してしまうことを意味します。遊び感覚のコミュニケーションが、オンラインか

ら現実の犯罪に進んでしまうことも起きています。

オンラインの能力はオフラインの学習にも差が出る

「オンライン不平等 (online inequalities)」は、政策分野では「デジタル・デバイド (digital devides)」と呼ばれています。歴史的には、まず、子どもたちが実際にオンラインでコンピュータを利用する環境、コンピュータと周辺機器へのアクセスの不平等に目が行きました。ハードウェア、ソフトウェア、プリンターやハード・ディスクなど、さらに、高速大容量の Wi-Fi 環境などもこれに含まれます。これを「第一段階のデジタル・デバイド」と OECD は呼んでいます。

家庭の社会的・経済的な格差は、デジタルテクノロジーの利用能力にも差を生み出し、テクノロジーの利用方法にも差が出てくるだろうということは、容易に推測できます。さて、どんな差があるのでしょうか。国際生徒調査 PISA2015 の結果によりますと、

> 「恵まれた環境にある生徒は、ニュースを読み (read news)、インターネットを利用して実用的な情報を獲得することが多い」
> 「恵まれない生徒は、オンライン活動としてゲームやチャットをすることが多い」(OECD/CDEP 2019：40、バーンズ＆ゴットシャルク 2022：49)

と指摘されています。

PISA 調査で「読む (read)」という行為は、日本語では「読解 (reading)」と訳されています。音声に出すとか目で追うということだけでなく、読んだことを理解し、その内容を使用するところまで含む概念です (本書 29 ページ)。したがって、ネットサーフィンしてたくさんのニュースをチェックすることよりは、ニュースをじっくり考えながら読んでいるかどうかが問われているという意味です。この視点を

持つと、OECD が発見した、この二つの分析結果は極めて重要です。

　インターネット環境がほぼ行き渡ると、「スキルと利用様式の不平等」と呼ばれる「第二段階のデジタル・デバイド」が見えて来ました。つまり、デジタル機器をどう使うかという違いです。OECD は、利用する対象、読み取る内容とその深さに目を向けました。ニュースを読解することにデジタル機器を使い、また生活や仕事で有用で実用的な情報を得る能力があるかどうかという差に注目したことになります。

　すると、次のような関係が予想されてきます。オンラインでデジタル機器を使用しない時間に、創造的な活動ができるかどうかに差が出てくるのではないかという予測です。

　OECD は、「第三段階のデジタル・デバイド」を「(例えば物質的あるいは社会的な便益 / 成果という) オフラインの成果の不平等」と定義しています。つまり、「インターネットは既存のオフライン不平等を拡大する可能性がある」(OECD/CDEP 2019：40、バーンズ & ゴットシャルク 2022：49) というわけです。この第三段階のデジタル・デバイドという概念は、今まで語られてこなかった思いがけない重要な視点です。オンライン時代でも長文読書をしている生徒の方が読解力が高いというデータが、このことを示しているようです。(本書 104-106 ページ)

　例えば、オフラインの時間に、読書をしてストーリーを描いて、また精神の葛藤を体験しながら思考する力をつけたり、新聞を読みながら問題関心を持ち、教科の学びを発展させ、探究のプロセスが描かれていくような場合には、オンラインの時間になると時間・空間を越えて自分の問題関心を自ら探究し、情報を探し出してきて知識を豊かにし、また、仲間とともにコンピュータ上で制作活動を設計するかも知れません。

　オンラインの時間に、ゲームやチャットをしているだけでは、オ

フラインの時間にすべき活動につながりにくく、気分転換とか時間の消費に終わってしまいます。これは実に皮肉な結果です。

このように考えてくると、インターネット利用の質がよければ、つまりオンラインリテラシーの差は、オフラインリテラシーの差もまた作り出すという循環の因果関係が描けます。おそらく家庭環境に余裕のある子どもたちには、両方とも有利に働くのではないかと一般的に推測されます。

少なくとも、国際生徒調査PISA2015の結果は、オンラインリテラシーとオフラインリテラシーとの関係は必ずしも対立するわけではないということを示しています。もし、インターネットの使い方が、危険を避けながら主体的で創造的であるならば、読書や制作活動とは対立するよりも相乗効果が出てくるということです。

このことは、授業で指示された101ページ以上の本を読んだ生徒は、PISA読解力の得点では、フィンランド、カナダ、アメリカではもっとも高得点ですが、日本では逆に得点が下がることが指摘されています。（本書105ページ表5-2）

無理やり子どもに押しつけるのではなく、生徒本人の意欲や関心を高めながら、オンラインリテラシーとオフラインリテラシーとをうまく関係づけ、両者がともに効果を高めるように組み合わせていくことを親も教師も探ることになるわけです。

OECDが20年前に提起した「キー・コンピテンシー」のアイデア（福田誠治2022）で言えば、生徒一人ひとりが自律し、デモクラシー（民主主義）を人間共通の価値として優先しながら、そのなかで個々人が自分の未来を開拓することになると筆者は考えます。

参考文献

なお、本文中の引用は、原典に当たって確認した上で、必要に応じて原典から翻訳しています。したがって、訳語の責任は福田にあります。

Armstrong and Casement（2000）Allison Armstrong and Charles Casement. *The Child and the Machine: How Computers Put Our Children's Education at Risk*. Beltsville, Maryland: Robin Lane Press.

Bers and Resnick（2015）Marina Umaschi Bers and Mitchel Resnick. *The Official ScratchJr Book: Help Your Kids Learn to Code*. No Starch Press.

Council for Cultural Co-operation（2001）Council for Cultural Co-operation, Education Committee, Modern Language Division, Strasbourg. *Common European Framework of Reference for Languages: Learning, Teaching, Assessment*. Cambridge University Press, 5. 日本語訳は、欧州評議会（2014）。

Cuban（2001）Larry Cuban. *Oversold & Underused: Computers in the Classroom*. Cambridge, Massachusetts: Harvard University Press. 日本語訳は、キューバン（2004）。

Dewey（1916）John Dewey. *Democracy and Education: An Introduction to the Philosophy of Education*. In Jo Ann Boydson et al.（eds）John Dewey：*The Middle Works, Volume 9：1899-1924*. Carbondale：Southern Illinois University Press, 1980. 日本語訳は、デューイ（2004）。日本語訳は、デューイ（1975a; 1975b）。

Eisenstein（1980）Elizabeth L. Eisenstein. *The Printing Press as an Agent of Change: Communications and Cultural Transformations in Early-modern Europe, Volumes I and II*. New York: Cambridge Univ. Press.

Elkind（1987）David Elkind. *Miseducation: Preschoolers at Risk*. Alfred A. Knopf. 日本語訳は、エルカインド（1991）。

Elkind（2001）David Elkind. *The Hurried Child: Growing Up Too Fast Too Soon, 3rd Edition*. Da Capo Lifelong Books. 日本語訳は、エルカインド（2002）。

Elkind（2007）David Elkind. *The Hurried Child: Growing Up Too Fast Too Soon, Twenty-fifth Anniversary Edition*. Da Capo Press. 日本語訳は、エルカインド（2002）。

Giannoulis and Wilde（2019）Elena Giannoulis and Lukas R. A. Wilde（eds）*Emoticons, Kaomoji, and Emoji: The Transformation of Communication in the Digital Age*. New York: Routledge.

Harari（2018）Yuval Noah Harari. *21 Lessons for the 21st Century*. New York: Random

House. 日本語訳は、ハラリ（2019）。

Illich（1993）Ivan Illich. *In the Vineyard of the Text: A Commentary to Hugh's Didascalicon.* Chicago: University of Chicago Press. 日本語訳は、イリッチ（1995）。

Illich and Sanders（1988）Ivan Illich and Barry Sanders. *ABC: The Alphabetization of the Popular Mind.* San Francisco: North Point Press. 日本語訳は、イリイチ＆サンダース（2008）。

Kafai and Resnick（1996）Yasmin B. Kafai and Mitchel Resnick. Introduction. In Yasmin Kafai and Mitchel Resnick（eds）*Constructionism in Practice: Designing, Thinking, and Learning in a Digital World.* Mahwah, New Jersey: Lawrence Erlbaum Associates, 1-8.

Key（1972）Alan C. Kay. A Personal Computer for Children of All Ages. Xerox Palo Alto Research Center.

Labaree（2010）David F. Labaree. *Someone Has to Fail: The Zero-Sum Game of Public Schooling.* Cambridge, Massachusetts: Harvard University Press. 日本語訳は、ラバリー（2018）。

Mangen *et al.*（2013）Anne Mangen, Bente R.Waigermo, and Kolbjørn Brønnick. Reading Linear Texts on Paper versus Computer Screen: Effects on Reading Comprehension. *Internationl Journal of Educational Research.* 58（2013）61-68.

Mangen *et al.*（2014）Anne Mangen, Pascal Robinet, Gérard Olivier and Jean-Luc Velay. Mystery Story Reading in Pocket Print Book and on Kindle: Possible Impact on Chronological Events Memory. *Conference Paper Presentation, IGEL*（The International Society for the Empirical Study of Literature and Media）, Turin, Italy, July21-25.

Mangen *et al.*（2019）Anne Mangen, Gérard Olivier and Jean-Luc Velay. Comparing Comprehension of a Long Text Read in Print Book and on Kindle: Where in the Text and When in the Story? *Frontiers in Psychology.* February 2019, Vol.10, Article 38.

Minsky（2019）Marvin Minsky. *Inventive Minds: Marvin Minsky on Education.* Cambridge, MA: MIT Press. 日本語訳は、Minsky（2020）。

Minsky（2020）Marvin Minsky 著、大島芳樹訳『創造する心 ―これからの教育に必要なこと』オライリージャパン。

Mueller and Oppenheimer（2014）Pam A. Mueller and Daniel M. Oppenheimer. The Pen Is Mightier Than the Keyboard: Advantages of Longhand Over Laptop Note Taking. *Psychological Science*, 2014, 25（6）, 1159-1168.

Neil（2005）Gershenfeld Neil. *FAB: The Coming Revolution on Your Desktop-from Personal Computers to Personal Fabrication.* Basic Books. 日本語訳は、Neil（2012）。

Neil（2012）Gershenfeld Neil 著、田中浩也監修、糸川洋訳『Fab ―パーソナル
　　コンピュータからパーソナルファブリケーションへ』オライリージャ
　　パン。

OECD/ICCP（2008）*OECD Recommendation of the Council on the Protection of Critical Information Infrastructures.* [C（2008）35] Seoul, Korea：OECD Ministrial Meeting on the Future of the Internet Economy.

OECD/ICCP（2012）*Recommendation of the Council on the Protection of Children Online.* Paris：OECD.

OECD/CDEP（2019）*Educational Research and Innovation: Educating 21st Century Children; Emotional Well-being in the Digital Age.* Paris：OECD. 日本語訳は、バーンズ & ゴットシャルク（2022）。

OECD/CDEP（2020a）*Educational Research and Innovation: Education in the Digital Age; Healthy and Happy Children.* Paris：OECD. 日本語訳は、バーンズ & ゴットシャルク（2021）。

OECD/CDEP（2020b）*Protecting Children Online: An Overview of Recent Development in Legal Frameworks and Policies.* 日本語訳は、経済協力開発機構（2022）第 3 章。

OECD/CDEP（2021a）*Children in the Digital Environment: Revised Typology of Risks.* Paris：OECD. 日本語訳は、経済協力開発機構（2022）第 2 章。

OECD/CDEP（2021b）*OECD Guidelines for Digital Service Providers.* Paris：OECD. 日本語訳は、（経済協力開発機構 2022：31-33）。

OECD/CDEP（2022a）*Recommendation of the Council on Children in the Digital Environment.* Paris：OECD. 日本語訳は、経済協力開発機構（2022）第 1 章。

OECD/CDEP（2022b）*Companion Document to the OECD Recommendation on Children in the Digital Environment.* Paris：OECD.

OECD/PISA（1999）Programme for International Student Assessment. *Mesuring Student Knowledge and Skills: A New Framework for Assessment.* Paris: OECD.

OECD/PISA（2010）*PISA 2009 Assessment Framework: Key Competencies in Reading, Mathematics and Science.* Paris: OECD. 日本語訳は、経済協力開発機構編（2010）。

OECD/PISA（2017）*Student Questionnaire PISA 2018: Main Survey Version.* Paris: OECD.

OECD/PISA（2019）*PISA 2018 Assessment and Analytical Framework.* Paris: OECD.

OECD/PISA（2020）Annex C: Released Items from the PISA 2015 Computer-Bsed Reading Assessment. In OECD/PISA. *PISA2018 Results: What Students Know and Can Do. Volume I.* Paris: OECD, 2020, 264-273. 日本語訳は、国立教育政策研究所編（2019c）。

OECD/PISA（2021）*21st-Century Readers: Developing Literacy Skills in a Digital World.* Paris: OECD.

Papert (1980) Seymour Papert. *Mindstorms: Children, Computers, and Powerful Ideas*. New York: Basic Books. 日本語訳は、パパート (1982)。

Papert (1991) Situating Constructionism. In Idit Harel and Seymor Papert (eds) *Constructionism*. Norwood, NJ: Ablex Publishing, 1-11.

Papert (1996) Seymour Papert. *The Connected Family: Bridging the Digital Generation Gap*. Atlanta, Georgia: Longstreet Press.

Prensky (2000) Marc Prensky. *Digital Game-Based Learning*. McGraw-Hill. 日本語訳は、プレンスキー (2009)。

Prensky (2006) Marc Prensky. *Don't Bother Me Mom--I'm Learning!* Paragon House. 日本語訳は、プレンスキー (2007)。

Reimers and Schleicher (2020) Fernando M. Reimers and Andreas Schleicher. *A Framework to Guide an Education Response to the COVID-19 Pandemic of 2020*. Paris; OECD. 日本語訳は、レイマーズ＆シュライヒャー (2020)。

Resnick (2017) Mitchel Resnick. *Lifelong Kindergarten: Cultivating Creativity through Projects, Passion, Peers, and Play*. Cambridge, Massachusetts: MIT Press. 日本語訳は、レズニック (2018)。

Sanders (1994) Barry Sanders. *A is for Ox: Violence, Electronic Media, and the Silencing of the Written Word*. New York: Pantheon Books. 日本語訳は、サンダース (1998)。

Waller (2019) Kathleen Clare Waller. *Language A: Concepts-Based Learning: Teaching for Success*. London: Hodder Education.

Wolf (2007) Maryanne Wolf. *Proust and the Squid: The Story and Science of the Reading Brain*. New York: Harper Collins. 日本語訳は、ウルフ (2008)。

Wolf (2018) Maryanne Wolf. *Reader, Come Home: The Reading Brain in a Digital World*. New York: Harper Collins. 日本語訳は、ウルフ (2020)。

Выготский (1982) Лев Семенович Выготский. *Собрание Сочинений*, т.2, Москва: Педагогика. 日本語訳は、ヴィゴツキー (2001)。

アームストロング＆ケースメント (2000) アリソン・アームストロング、チャールズ・ケースメント著、瀬尾なおみ訳『コンピュータに育てられた子どもたち―教育現場におけるコンピュータの脅威を探る』七賢出版。

イー (1988) ピーユン・イー『こんにちわ亀さん―コンピュータ・ロゴが示す教育のユートピア』未来社。

イーディーエル株式会社 (2020)『Google for Education―授業・公務で使える活用のコツと実践ガイド』技術評論社。

伊藤穰一（2018）「日本語版序文」、ミッチェル・レズニック著、村井裕実子、阿部和広訳『ライフロング・キンダーガーデン―創造的思考力を育む4つの原則』日経 BP 社、1-6。

イリイチ（1995）イヴァン・イリイチ著、岡部佳世訳『テクストのぶどう畑で』法政大学出版局。

イリイチ & サンダース（2008）I. イリイチ、B. サンダース著、丸山真人訳『ABC―民衆の知性のアルファベット化』岩波書店。

ウルフ（2008）メアリアン・ウルフ著、小松淳子訳『プルーストとイカ―読書は脳をどのように変えるのか？』インターンシフト。

ウルフ（2020）メアリアン・ウルフ著、大田直子訳『デジタルで読む脳×紙の本で読む脳―「深い読み」ができるバイリテラシー脳を育てる』インターシフト。

ヴィゴツキー（2001）レフ・セミョノヴィチ・ヴィゴツキー著、柴田義松訳『新訳版・思考と言語』新読書社。

エルカインド（1991）デイヴィッド・エルキンド著、幾島幸子訳『ミスエデュケーション―子どもをむしばむ早期教育』大日本図書。

エルカインド（2002）デイヴィッド・エルカインド著、戸根由紀恵訳『急がされる子どもたち』紀伊國屋書店。

欧州評議会（2014）吉島茂、大橋理枝他訳『外国語の学習、教授、評価のためのヨーロッパ共通参照枠 増補版』朝日出版社。

落合陽一（2016）『これからの世界をつくる仲間たちへ』小学館。

落合陽一（2018）『0 才から 100 才まで学び続けなくてはならない時代を生きる学ぶ人と育てる人のための教科書』小学館。

キューバン（2004）L. キューバン著、小田勝己、小田玲子、白鳥信義訳『学校にコンピュータは必要か―教室の IT 投資への疑問』ミネルヴァ書房。

ケイ（2013）アラン・ケイ著、阿部和広訳「すべての年齢の『子供たち』のためのパーソナルコンピュータ」、阿部和広『小学生からはじめるわくわくプログラミング』日経 BP、130-141。

経済協力開発機構（2004）国立教育政策研究所監訳『PISA 2003 年調査―評価の枠組み』ぎょうせい。

経済協力開発機構編（2010）国立教育政策研究所監訳『PISA 2009 年調査―評価の枠組み』明石書店。

経済協力開発機構（2022）経済協力開発機構（OECD）編、LINE みらい財団監訳、齋藤長行、新垣円訳『デジタル環境の子どもたち―インターネットのウェルビーイングに向けて』明石書店

国立教育政策研究所編（1919a）『OECD 生徒の学習到達度調査 2018 年調査

（PISA2018）のポイント』2019 年 12 月 3 日、文部科学省。

国立教育政策研究所編（2019b）『OECD 生徒の学習到達度（PISA）―2018 年調査国際結果の要約―』2019 年 12 月、文部科学省。

国立教育政策研究所編（2019c）『OECD 生徒の学習到達度調査（2018）―2018 年調査問題例―コンピュータ使用型、読解力問題』2019 年 12 月、文部科学省。

国立教育政策研究所編（2019d）『生きるための知識と技能⑦』明石書店。

佐伯胖（1985）「『理解』はどう研究されてきたか」佐伯胖編『理解とは何か』東京大学出版会、127-169。

佐々木正人（2015）『新版 アフォーダンス』岩波書店。

サンダース（1998）バリー・サンダース著、杉本卓訳『本が死ぬところ―電子メディア時代における人間性の崩壊』新曜社。

堤未果（2021）『デジタル・ファシズム―日本の資産と主権が消える』NHK 出版。

デューイ（1975a）ジョン・デューイ著、松野安男訳『民主主義と教育 (上)』岩波書店。

デューイ（1975b）ジョン・デューイ著、松野安男訳『民主主義と教育 (下)』岩波書店。

ハラリ（2019）ユヴァル・ノア・ハラリ著、柴田裕之訳『21 Lessons―21 世紀の人類のための 21 の考察』河出書房新社。

ハンセン（2020）アンデシュ・ハンセン著、久山葉子訳『スマホ脳』新潮社。

ハンセン（2021a）アンデシュ・ハンセン著、久山葉子訳『最強脳―「スマホ脳」ハンセン先生の特別授業』新潮社。

ハンセン（2021b）アンデシュ・ハンセン「デジタルツールが蝕む心身」大野和基インタビュー・編『自由の奪還―全体主義、非科学の暴走を止められるか』PHP 研究所。

バーンズ & ゴットシャルク（2021）トレーシー・バーンズ、フランチェスカ・ゴットシャルク編著、経済協力開発機構（OECD）編、西村美由起訳『教育のデジタルエイジ ―子どもの健康とウェルビーイングのために』明石書店。

バーンズ & ゴットシャルク（2022）トレーシー・バーンズ、フランチェスカ・ゴットシャルク編著、経済協力開発機構（OECD）編、西村美由起訳『感情的ウェルビーイング―21 世紀デジタルエイジの子どもたちのために』明石書店。

パパート（1982）S. パパート著、奥村貴世子訳『マインドストーム―子供、コンピューター、そして強力なアイデア』未来社。

福田誠治（2022）『キー・コンピテンシーと PISA―ネオリベラル期教育の思想と構造 2』東信堂。

藤本徹（2007）『シリアスゲーム：教育・社会に役立つデジタルゲーム』東京電機大学出版局。

プレンスキー（2007）マーク・プレンスキー著、藤本徹訳『テレビゲーム教育論―ママ！ジャマしないでよ勉強してるんだから』東京電機大学出版局。

プレンスキー（2009）マーク・プレンスキー著、藤本徹訳『デジタルゲーム学習―シリアスゲーム導入・実践ガイド』東京電機大学出版局。

吉成真由美（2012）吉成真由美インタビュー・編『知の逆転』NHK 出版。

ラバリー（2018）デイヴィッド・ラバリー著、石倉一郎、小林美文訳『教育依存社会アメリカ―学校教育改革の大義と現実』岩波書店。

ルソー（1962）ルソー著、今野一雄訳『エミール（上）』岩波書店。

レイマーズ＆シュライヒャー（2020）フェルナンド・レイマーズ、アンドレアス・シュライヒャー著、連合大学院スタッフ訳『(仮訳)OECD 2020年 新型コロナウイルス感染症パンデミックへの教育における対策をガイドするフレームワーク』福井大学大学院福井大学・奈良女子大学・岐阜聖徳学園大学連合大学院教職開発研究科（連合大学院）。

レズニック（2018）ミッチェル・レズニック著、村井裕実子、阿部和広訳『ライフロング・キンダーガーデン―創造的思考力を育む 4 つの原則』日経 BP 社。

あとがき

　現在の問題は、家庭の社会的・経済的な格差によって、「恵まれた環境にある生徒は、ニュースを読み (read news)、インターネットを利用して実用的な情報を獲得することが多い」のに対して、「恵まれない生徒は、オンライン活動としてゲームやチャットをすることが多い」という指摘 (本書132ページ) に集約されているように思えます。

　印刷革命は、400年の長い年月を通して、一般の人間が教科書を使って学習したり、読書をしたりするところまで歴史を切り開いてきました。人間の知的な能力が開発され、進歩したことは人類全体で見れば間違いないことです。

　では、オンライン革命 (デジタル革命) は、人類に何をもたらすのでしょうか。どんな知的な能力が開発されるのでしょうか。AI (人工知能) は、人間の存在そのものをどう変えていくのでしょうか。

　ノート・パソコンやタブレット、スマートフォンなど、移動端末を持ち歩いているわけですから、知識や情報はいつでもどこでも探せます。問題は、探した知識や情報を読み取り判断する力にかかってきます。

　読解力とは何か、このことを認知心理学者の佐伯胖は、ブランスフォード (John D. Bransford) らの研究を次のようにまとめています。

　「読解力の高い子どもは、何気ない文章でも、たえず、ものごとの理由や意味、意義、機能や目的を自発的に推察して補って文を読んでいるのに対し、読解力の低い子どもでは、書いてあることだけしか考えない。さらに、読解力の低い子どもでも、理由や根拠を自分で補ったり適切に状況を当てはめて考えると

いう訓練をすれば、読解力がつくだけでなく、ものごとの隠れた意味を推察して文を読むことの面白さを知るようになる」(佐伯胖 1985：154)

そして、佐伯胖は、

「ものごとの背後の理由や豊かな状況の中での意義や必然性を考えるというのは、それはすなわち、ものごとを『深く』考えるということそのものである。それが記憶の保持に大きくはたらくということは、当然といえばあまりにも当然のことである。」(佐伯胖 1985：154-155)

と言い直しています。

　つまり読解力には、行間を読むとか、言外の意味を考えるとか、自分は何をすべきかとまで思いをめぐらすことまで含まれるというのです。ブランスフォードの論文は、1982年のもので、佐伯胖がそれをまとめ、結論を書いたのは1985年のことです。すなわち、ここで言う読解力とは、紙媒体の読書を指しています。オンラインリテラシー時代には、どのように文を補って「深く考える」ことが可能になるのかはまだよく分かっていません。「読解力の低い子ども」のまま、大量の大人が生まれるのかも知れません。

　国際生徒調査 PISA では、reading literacy を「読解力」と訳しています。日本では、読み書きができると言えば、漢字を読んだり書いたりすることだと伝統的教育では解釈していました。それが、「読む力」は読解力のことで、国語教育の目標は「PISA 型読解力」を身につけること、言語の力はすべての教科の基礎になるというように、2006年1月に文科省の解釈が変わります。

　繰り返しになりますが、OECD が定義している読解とは、読み取ること、読み取ったことを理解すること、理解した中身をよくよく考えて多面的に評価すること、そのうち意義あると評価できること

と取り組むこと、というような4段階で定義できると考えられます。
（本書29ページ）

　オンラインリテラシーの特徴は、大量の情報を素早く読み取り、有意義なものを選び出すことと、複数の人間が容易に情報交換できることです。

　読書は、これとは反対の特徴があります。だから、重要なのです。

　実は、読書は、言語活用のとてもよくできた一つの形です。文章を書くとき、話すとき、読むときに考えるプロセスが作り出されます。自分と他人、自分ともう一人の自分とのコミュニケーションの中で考える力が発揮され、言葉（単語）がたしかめられ、ことば（文）が作られるわけです。何よりも、読書の最中に、ストーリーという意味のつながりが読者にも描かれることが大きなメリットです。しかも、複数の登場人物があれば複数のストーリーが交差していきます。結論までの複雑な思考プロセスが積み上げられていきます。

　そうなると、読書とデジタルをどう組み合わせるかという問題になってきます。

　しかし、産業界は、すでにオンラインリテラシーで動いています。

　そこにたどり着くためには、教育学は、オフラインリテラシー、つまり声の文化から、文字の文化へと進んできた人類の歴史を、オンラインリテラシーとどう結びつけるかということを問題にし続けざるを得ません。

　親や教師、子どもたち本人の意欲や学びの様子とともに、社会的な危機管理も必要になってきます。どんなバランスで組み合わせて行くかという視点を持ち続けながら、人類の生存をかけた長い闘いになるはずです。

　子ども向けのデジタルリテラシーの創造を手がけたシーモア・パパートは、どの年齢でもコンピュータを「うまく使うことができる」

が「誤って使うこともできる」と言っています（本書12ページ）。

　また、彼は、自分の研究と洞察で知ったことすべてからすると、「家庭スタイルの学習」は「学校スタイルの学習」よりはすぐれているとも言っています（本書81ページ）。

　ディスレクシアの研究者メアリアン・ウルフは、フランス人作家マルセル・プルーストに思いを馳ながら「越境して思考する時間」をつくり出す「読解する脳」のこの上ない役割を強調します（本書103ページ）。

　国際生徒調査PISAは、授業で扱った長文作品が増えると、読解力も向上するという調査結果を公表しています（本書104-106ページ）。じっくりと読書できる環境を確保している子どもたちの方が、読解力が高いというわけです。

　OECDデジタル経済委員会は、「第三段階のデジタル・デバイド」を2019年になって指摘しています（本書133ページ）。オンライン時代には、デジタルリテラシーの使い方の質にも大きな格差が生まれてきます。その使い方の質の違いを作り出しているものは、オフラインの時間をどれだけ確保し、その時間をどれだけ創造的に過ごしているかということだろうと推測されます。

事項索引

人名索引

著者紹介

福田　誠治（ふくた　せいじ）

1950年岐阜県生まれ。

1979年より42年間都留文科大学に勤務。

前都留文科大学学長

著書として、『こうすれば日本も学力世界一―フィンランドから本物の教育を考える』朝日新聞出版、2011年2月、『フィンランドはもう「学力」の先を行っている』亜紀書房、2012年10月、『国際バカロレアとこれからの大学入試―知を創造するアクティブ・ラーニング』亜紀書房、2015年12月、『ネオリベラル教育の思想と構造―書き換えられた教育の原理』東信堂、2017年12月など。2017年12月、『キー・コンピテンシーとPISA』東信堂、2022年5月など。東信堂ブックレットとして、『教育学って何だろう』『CEFRって何だ』『北欧の学校教育とWell-being』（2021年7月）がある。

オンラインリテラシーと読解リテラシーの葛藤――デジタル時代の新しい学び

2023年5月10日　　初　版第1刷発行　　　　　　　　　　　　　〔検印省略〕
定価は表紙に表示してあります。

著者©福田誠治／発行者　下田勝司　　　　　　　　印刷・製本／中央精版印刷

東京都文京区向丘1-20-6　　郵便振替00110-6-37828
〒113-0023　TEL(03)3818-5521　FAX(03)3818-5514
Published by TOSHINDO PUBLISHING CO., LTD.
1-20-6, Mukougaoka, Bunkyo-ku, Tokyo, 113-0023, Japan
E-mail : tk203444@fsinet.or.jp　http://www.toshindo-pub.com

発　行　所
株式会社　東信堂

ISBN978-4-7989-1825-9　C3037　　©FUKUTA Seij

東信堂

オンラインリテラシーと読解リテラシーの葛藤 —デジタル時代の新しい学び　　福田誠治　一八〇〇円

キー・コンピテンシーとPISA —ネオリベラル期教育の思想と構造2　　福田誠治　四八〇〇円

ネオリベラル期教育の思想と構造 —書き換えられた教育の原理　　福田誠治　六二〇〇円

世界の外国人学校　　末藤美津子・福田誠治編著　三八〇〇円

日本の異言語教育の論点 —「ハッピー・スレイヴ症候群」からの覚醒　　大谷泰照　二七〇〇円

才能教育・2E教育概論 —ギフテッドの発達多様性を活かす　　松村暢隆　三六〇〇円

アメリカの才能教育 —多様な学習ニーズに応える特別支援　　松村暢隆　二五〇〇円

才能教育の国際比較　　山内乾史編著　三五〇〇円

韓国の才能教育制度 —その構造と機能　　石川裕之　三八〇〇円

アメリカ教育例外主義の終焉 —変貌する教育改革政治　　青木栄一監訳　三六〇〇円

文部科学省の解剖　　青木栄一編著　三三二〇円

東信堂ブックレット

① 迫りくる危機『日本型福祉国家』の崩壊 —北海道辺境の小規模自治体から見る　　北島滋　一〇〇〇円

② 教育学って何だろう —受け身を捨てて自律する　　福田誠治　一〇〇〇円

③ 北欧の学校教育とWell-being —PISAが語る子どもたちの幸せ感　　福田誠治　一〇〇〇円

④ CEFR（セファール）って何だ —インクルーシブな語学教育　　福田誠治　九〇〇円

⑤ 戦後日本の大学教育の回顧と展望 —自分史と重ねて　　絹川正吉　一〇〇〇円

⑥ 教養と大学スタッフ —豊かな大学の未来を　　絹川正吉　一〇〇〇円

※定価：表示価格（本体）＋税　　〒113-0023　東京都文京区向丘1-20-6　TEL 03-3818-5521　FAX03-3818-5514
Email tk203444@fsinet.or.jp　URL:http://www.toshindo-pub.com/

東信堂

※定価：表示価格(本体)＋税　　〒113-0023　東京都文京区向丘1·20-6　TEL 03-3818-5521　FAX03-3818-5514
Email tk203444@fsinet.or.jp　URL:http://www.toshindo-pub.com/

〒113-0023　東京都文京区向丘1-20-6　TEL 03-3818-5521　FAX03-3818-5514
Email tk203444@fsinet.or.jp　URL:http://www.toshindo-pub.com/